UNIVERSITY OF NORTH CAROLINA MONOGRAPH SERIES

IN

PROBABILITY AND STATISTICS

Number 1

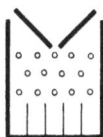

Russian-English Dictionary of Statistical Terms and Expressions

AND

Russian Reader in Statistics

Russian-English Dictionary of Statistical Terms and Expressions

AND

Russian Reader in Statistics

BY

SAMUEL KOTZ

with the collaboration of
Wassily Hoeffding

THE UNIVERSITY OF NORTH CAROLINA PRESS

CHAPEL HILL

General Editor's Preface

The University of North Carolina Monograph Series in Probability and Statistics is sponsored by the Department of Statistics at The University of North Carolina at Chapel Hill and will provide an addition to the publication activities of the Institute of Statistics of the University.

Since the Department was established in Chapel Hill in 1946 by Professor Harold Hotelling, much of the work of the faculty, students, and visitors has been published in the Institute of Statistics Mimeograph Series. It is expected that original research similar in character to that published in the Mimeograph Series in the past will continue to be published as before.

There is, however, work of value to research students and senior scholars which deserves publication in more permanent form, and it is this work which will be published in the Monograph Series.

Titles in the Series are approved by an editorial board from the Department of Statistics consisting of Norman L. Johnson, Walter L. Smith, and George E. Nicholson, Jr., Chairman.

Although it is expected that most of the titles will be the work of authors connected with the University, suitable manuscripts will be considered for inclusion in the Series on the same basis no matter where they originate.

GEORGE E. NICHOLSON, JR.

Acknowledgments

Completion of an undertaking of this size in a relatively short period of time would have been impossible, of course, if I had not been fortunate enough to obtain valuable help and assistance from various institutions and persons.

I should like first of all to express my sincere gratitude and indebtedness to Wassily Hoeffding, Professor of Statistics at The University of North Carolina at Chapel Hill, who guided this work at its every stage and contributed to it much of his vast scientific and linguistic knowledge and experience.

In addition, I am very grateful to Professor George E. Nicholson, Jr., Chairman of the Department of Statistics, The University of North Carolina at Chapel Hill, and Professor J. Wolfowitz, Department of Mathematics, Cornell University, for their constant encouragement and helpful suggestions and for their support of various aspects of this project.

I express my gratitude to Dr. S. H. Gould, Executive Editor of the Translations of the American Mathematical Society, who read the first draft of the manuscript and made several valuable corrections and suggestions.

The publishing house of the American Mathematical Society; Holt, Rinehart and Winston; McGraw-Hill; Prentice-Hall; Princeton University Press; John Wiley and Sons; and Professor A. J. Lohwater, Executive Editor of *Mathematical Reviews*, were kind enough to permit us to quote extracts and sentences from their publications in the Reader.

The Librarian of The University of North Carolina at Chapel Hill Mathematics-Physics Library, Mrs. M. Hopkins, was very helpful in obtaining the materials and publications from which the entries of this Dictionary and phrases for the Russian Reader were selected.

I am indebted to Mr. Dave Jones of the Department of History at The University of North Carolina at Chapel Hill for his assistance in preparing the preliminary draft of this manuscript.

Additions, revisions, proofreading, and corrections were made during my stay at the University of Toronto in the Department of Industrial Engineering as a Ford Foundation Senior Research Fellow. I am grateful to the Ford

Foundation and to the Chairman of the Department, Professor Arthur Porter, for providing the facilities and stimulating atmosphere for completion of this work.

Last, but not least, I wish to thank Mrs. Gail E. Hine for her reliability beyond the call of duty and for her skillful and accurate bilingual typing of the drafts of the Dictionary and Reader.

SAMUEL KOTZ

Contents

Introduction

The primary purpose of this Russian-English Dictionary of Statistical Terms and Expressions and the Russian Reader in Statistics is to aid those interested in reading and translating from Russian to English literature in the field of the statistical sciences.

This work, which contains over 5,000 terms and expressions, is the outgrowth of a word-list compiled from original sources, such as selected articles in Russian in the field of statistics and related areas, books written by Soviet authors on various subjects of statistical science, and books of Western statisticians which were translated into Russian. A partial list of these sources is presented in the Selected Bibliography at the end of the volume. In addition to terms in statistics and probability, proper terms from closely related fields are included, such as the theory of games, queueing theory, information theory, quality control, etc.

An important feature of the dictionary is that compound expressions are listed immediately following the main term, which is usually a noun signifying some basic notion in statistics. For example, after the word гипотеза (hypothesis) comes an array of terms for different types of hypotheses (alternative, null, etc.); and the adjectives appearing in these expressions are not always listed separately. One reason for this arrangement is that the Russian statistical terminology for descriptive adjectives is not yet fully established ["alternative hypothesis" can be found in Russian statistical literature in at least three variations—альтернативная г., конкурирующая г., противопоставляемая г.; "missing" (observation) has the following Russian equivalents: потерянное, недостающее, пропускаемое, пропавшее (наблюдение)]. The basic expressions, such as hypothesis, distribution, sample, process, correlation, etc., are usually more standardized; although even some of the most fundamental terms appear in Russian in several variations. For example, the terms "reject" and "rejections" can be found in Russian statistical literature in at least seven equivalent forms.

Moreover, many statistical terms have two or more Russian, equally acceptable, equivalents—some adapted from English, Latin, or Greek, etc., and others being genuine Russian terms. Like well-known examples in mathematics such as полигон and многоугольник for polygon, экспоненциальный and показательный for exponential, we would like to point out a few more specifically statistical terms, such as крутость and куртозис for kurtosis; принятие (or приёмка) and акцептирование for acceptance; показатель and индекс for index; критерий and тест for test. We tried to list both versions, introducing a cross-reference where useful.

The terms in the expressions which we felt to be more important are listed under the individual headings of both the noun and the adjective. We believe that in such instances it was worthwhile to sacrifice compactness for the sake of clarity and usefulness.

Finally, problems concerning the scope of the first Russian-English Statistical Dictionary published in the United States had to be solved. Modern mathematical statistics has, in recent years, made frequent use of concepts and results developed in such pure mathematical fields as topology, abstract algebra, differential geometry, and others. Moreover, statistical methods are applied nowadays in practically all fields of human activity. Hence almost any term in any of the sciences and arts can be regarded as a "statistical term". Acceptance of this premise would have led us, however, to compilation of a voluminous, general, or detailed mathematical Russian-English dictionary, a task which we were neither capable nor willing to undertake.

Bearing in mind that (as our experience in the last decade has shown) in translating a scientific paper at least two dictionaries are needed (a general one and one pertaining to the particular field), we decided to eliminate from the dictionary many of the terms which, though they can be frequently found in statistical tables (such as: precipitation, migration, vehicles, food industry, etc.), cannot however be considered statistical terms per se. Instead, we tried to include as many specifically statistical expressions as possible and especially those which, to the best of our knowledge, cannot be found in either general or mathematical Russian-English dictionaries.

The second part of this volume consists of a short Russian-English Reader in Statistics, with an interlinear translation, which we hope will be of some use to beginners in Russian. Most of the phrases were selected from recent Russian publications on statistics, a major part of which consists of already classical texts in probability and statistics by various Soviet and Western authors.

A bilingual author index is presented in the Appendix, which is to familiarize English-speaking readers with the transliteration of foreign names in Soviet statistical literature. This transliteration is far from rigid, and sometimes it takes an effort or a good guess to recognize a familiar name transliterated into Russian.

Some blank pages for the user's notes will be found at the end of the book.

We are fully aware that errors, omissions and misprints and other defects are inevitable in this kind of work. But the task of compiling such a dictionary is, in our opinion, necessary and important enough to justify this undertaking in spite of all the difficulties and risks. Users of the dictionary are invited to comment on the scope and desirable additions to this dictionary. These remarks will be highly appreciated.

Introductory Matter

1. THE ALPHABET

| | | | | | | TRANSLITERATION | | |
PRINTED		ITALICS		SOUND	I	II	III
А а		*А а*		ah (f*a*ther)	a	a	a
Б б		*Б б*		b (*b*ed)	b	b	b
В в		*В в*		v (*v*igor)	v	v	w
Г г		*Г г*		g (*g*o)	g	g	g
Д д		*Д д, g*		d (*d*o)	d	d	˙d
Е е		*Е е*		yeh (*y*et)	ye, e	e	je
Ё ё[1]		*Ё ё*[1]		yo (*y*olk)	ye, e	ë	jo
Ж ж		*Ж ж*		zh (plea*s*ure)	zh	ž	sh
З з		*З з*		z (*z*ig*z*ag)	z	z	s
И и		*И и*		ee (f*ee*t)	i	i	i
Й й		*Й й*		y (to*y*)	y	ĭ	j
(I i)[2]		*I i*		ee (f*ee*t)			
К к		*К к*		k (*k*ing)	k	k	k
Л л		*Л л*		l (ba*ll*)	l	l	l
М м		*М м*		m (*m*an)	m	m	m
Н н		*Н н*		n (*n*ose)	n	n	n
О о		*О о*		o (s*o*rt)	o	o	o
П п		*П п*		p (*p*in)	p	p	p
Р р		*Р р*		r (*r*ing, trilled)	r	r	r
С с		*С с*		s (*s*un)	s	s	s (ss)
Т т		*Т т*		t (*t*ime)	t	t	t
У у		*У у*		oo (p*oo*r)	u	u	u
Ф ф		*Ф ф*		f (*f*ig)	f	f	f
Х х		*Х х*		kh (like *ch* in German a*ch*)	kh	h	ch
Ц ц		*Ц ц*		ts (tar*ts*)	ts	c	z
Ч ч		*Ч ч*		ch (mu*ch*)	ch	č	tsch

1. Usually written as e although the pronunciation of ĕ is retained.
2. Replaced by и in the post-Revolution orthography.

Ш ш	*Ш ш*	sh (*sh*op)	sh	š	sch
Щ щ	*Щ щ*	shch (lu*sh* *ch*erry)	shch	šč	stsch
Ъ ъ[3]	*Ъ ъ*	(silent)	"	"	'
Ы ы	*Ы ы*	i or e (*i*t, w*e*)	y	y	y
ь ь	*ь ь*	(silent)	'	'	j
(Ѣ ѣ)[4]	*Ѣ ѣ*	ye (*ye*t)			
Э э[5]	*Э э*	e (t*e*n)	e	è	e
Ю ю	*Ю ю*	yu (*you*)	yu	yu[8]	ju
Я я	*Я я*	ya (*ya*rd)	ya	ya[9]	ja
(Ѳ ѳ)[6]	*Ѳ ѳ*	f (*f*at)			
(V v)[7]	*V v*	ee (m*ee*t)			

3. Used only as a separation mark after certain consonants; sometimes replaced by the symbols ' or " in the middle of words, and dropped altogether when used at the end of a word in the old orthography.

4. Replaced by e in the post-Revolution orthography.

5. Retained in the post-Revolution orthography, but replaced by e in certain words.

6. Replaced by ф in the post-Revolution orthography.

7. Replaced by и in the post-Revolution orthography.

8. Replaced recently by ju.

9. Replaced recently by ja.

Transliteration System I is the U.S. Geodetic system and is the most commonly used system for non-technical literature in the United States. System II is the system used in the *Mathematical Reviews*, while System III is a German system which is frequently encountered in mathematical literature. (Reprinted with permission from: *Russian-English Dictionary of the Mathematical Sciences*, by A. J. Lohwater with the collaboration of S. H. Gould, American Mathematical Society, Providence, Rhode Island, 1961.)

2. DICTIONARY STRUCTURE

The main remarks about the structure of this dictionary are given in the Introduction. However, a few additional comments are in order.

It is assumed that the users of the Dictionary have, at least, an elementary knowledge of Russian grammar. (An excellent survey of Russian grammar with a stress on scientific language may be found in either of the two recently published Russian-English Mathematical Dictionaries quoted in the References.)

In a very few instances, particularly in the first ten pages of the dictionary, the notation n., which follows the Russian nouns, is merely meant to denote a noun as a part of speech without stating the particular gender of this noun. Thus, in these few instances at the beginning of the dictionary, not only nouns of neuter gender but also nouns of masculine and feminine genders are denoted by the letter n.

All nouns are listed in the nominative case, except when they appear in specific expressions (or combinations). Adjectives are given in the masculine gender, nominative case, singular form. Adjective-noun combinations are listed alphabetically according to the *noun*. These adjective-noun combinations are not always listed again under the corresponding adjective. Indeed, some *adjectives* which appear in combination with a noun may not be listed separately at all. For example, "нулевая гипотеза" will be found under "гипотеза" rather than under "нулевая". A few important and frequently used adjectives are included in comparative forms. Verbs are given as an infinitive, frequently including both perfective and imperfective forms, as well as the reflexive form, all in one entry.

All Russian words in the Dictionary are accented to indicate the syllable to be stressed, except the monosyllabic terms or those containing a stressed ё.

Where several English equivalents are given for one Russian term, the following method of separation (convention) is used:

A comma (,) separates synonyms or near-synonyms which are given in order of merit.

A semi-colon (;) is used to denote what seems to be a change in meaning.

3. Abbreviations Used in This Work

abbr.	abbreviation
adj.	adjective
adv.	adverb
conj.	conjunction
f.	feminine (noun)
i.	idiomatic expression
lit.	literally
m.	masculine (noun)
n.	neuter (noun)
num.	numeral
pl.	plural
prep.	preposition
pr. ph.	prepositional phrase
v.	verb

Part I

Russian-English Dictionary of Statistical Terms and Expressions

A

абоне́нт, m. subscriber
абсолю́тн/ый, adj. absolute
  а.-ая оши́бка a. error
  а.-ая частота́ a. frequency
  а.-ое отклоне́ние a. deviation
  а.-ое число́ a. number
  а. разме́р a. measure
абсорби́ровать, v. to absorb
абсорби́рующий, adj. absorbing
абсо́рбция, f. absorption
абстраги́рованный, adj. abstract
абстра́ктный, adj. abstract
абсци́сса, f. abscissa, x-coordinate
ава́нс, m. advance (payment on account)
ава́рия, f. accident, mishap, damage; failure
автоковариа́ция, f. autocovariance
автокоррели́рованый, adj. autocorrelated
автокоррелогра́мма, f. autocorrelogram
автокорреляцио́нн/ый, adj. autocorrelation, autocorrelated
  а.-ая фу́нкция autocorrelation function
автокорреля́ция, f. autocorrelation
автомоби́льный пото́к traffic flow, automobile flow
авторегресси́вный, adj. autoregressive
  а. проце́сс a. process
авторегрессио́нный, adj. autoregression, autoregressive
авторегре́ссия, f. autoregression
агрега́т, m. aggregate, assembly
  а.-ы действи́тельных цен aggregates of actual prices
агрега́тный и́ндекс aggregate index
агрега́ция, f. aggregation
адаптацио́нный, adj. adaptive
аддити́вность, f. additivity
  а. сре́дних a. of means
административная игра́ management game
аза́ртные и́гры gambling, games of chance
аккумули́ровать, v. to accumulate
аккумуля́ция, f. accumulation
аксио́ма, f. axiom
акти́вн/ый, adj. active
  а.-ое лицо́, име́ющее за́работок a. person (earner)
  а.-ое населе́ние a. population
  а. внешнеторго́вый бала́нс a. trade balance
акти́вы, n. pl. assets
  а. и пасси́вы a. and liabilities
актуа́рий, m. actuary
акценти́ровать, v. to accentuate
акцепти́ровать, v. to accept
акцептова́ние, n. acceptance
акци́з, m. excise duty

акционе́рн/ый, adj. joint-stock
    а.-ое о́бщество j.-s. company
    а. капита́л j.-s. capital, share capital
а́кция, n. share
алфави́т, m. alphabet
альтернати́ва, f. alternative, alternative hypothesis
альтернати́вный, adj. alternative
амортиза́ция, f. amortization
амортизацио́нные отчисле́ния amortization discounting
амплиту́да вероя́тности amplitude of probability
ана́лиз, m. analysis, examination
    а. вопро́сов item a.
    а. второ́го сме́шанного моме́нта a. of covariance
    а. гла́вных компоне́нт principal component a.
    а. сезо́нных измене́ний seasonal a.
    а. спро́са demand a.
    дисперсио́нный а. dispersion a., a. of variance
    ка́чественный а. qualitative a.
    ковариацио́нный а. a. of covariance
    конфлюе́нтный а. confluence a.
    многоме́рный а. multivariate a.
    оста́точный а. residual a.
    после́довательный а. sequential a.
    причи́нный а. a. of causes
    ра́зностный а. difference a.
    регрессио́нный а. a. of regression
    составно́й а. component a.
    фа́кторный а. factor a.
анализа́тор, m. analyser
    гармони́ческий а. harmonic a., Fourier a.
анало́г(-ия), m. (f.) similarity, analogue

статисти́ческий а. statistical image
анке́та, f. questionnaire
антимо́да, f. antimode
антитети́чный, adj. antithetical
апостерио́ри, adv. *a posteriori*
апостерио́рн/ый, adj. posterior
    а.-ое распределе́ние *a posteriori* distribution
аппроксима́ция, f. approximation
априо́ри, adv. *a priori*
априо́рный, adj. prior
арби́тр, m. referee, arbitrator
архи́в, m. archives
арифмети́ческ/ий, *adj.* arithmetic
    а.-ая диагра́мма a. chart
    а.-ое сре́днее a. mean
арифмо́метр, m. arithmometer
асимметри́чно, adv. asymmetrically
асимметри́чность, n. asymmetry, skewness
асимметри́чн/ый, adj. asymmetrical, skew
    а.-ое распределе́ние a. distribution, s. distribution
    а. крите́рий a. test
асимметри́я, f. asymmetry, skewness
    отрица́тельная а. negative s.
    положи́тельная а. positive s.
асимпто́та, f. asymptote
ассигни́рование, n. assignment, assignation, appropriation
ассигнова́ние, n. assignment, assignation, appropriation
ассоциа́ция, f. association
ассоциа́ция ка́чественных при́знаков contingency
ассоции́рованный, adj. associated
атрибу́т, m. attribute, property
аутенти́чность, f. authenticity

ба́за (ба́зис), f. base, basis
  б. весо́в weight b.
  б. сравне́ния comparison b.
ба́зис равноце́нности counterpart fund
ба́зисн/ый, adj. base, basis
  б.-ая относи́тельная величина́ b. ratio
  б. год b. year
  б. пери́од b. period
ба́зовый, adj. base
Ба́йеса Bayes', pertaining to Bayes
  страте́гия Б. Bayes' strategy
  фо́рмула Б. Bayes' formula
ба́йесовск/ий, adj. Bayes', Bayesian
  б.-ая реша́ющая фу́нкция B. decision function
  б.-ая страте́гия B. strategy
  б.-ое реше́ние B. solution; B. decision
ба́йесовый, adj. same as **ба́йесовский**
бала́нс, m. balance, balance sheet
балл, m. score, mark
банк, m. bank; kitty
  мета́ть б., v. to bank (in roulette)
банкно́та, f. banknote
ба́нковая систе́ма banking system
барье́р, m. barrier, enclosure, bar (see also экра́н)
без ограниче́ний unrestricted
безграни́чно, adv. infinitely; unboundedly, unlimitedly
  б. дели́мый i. divisible
безмасшта́бный, adj. gridless
безоби́дная игра́ fair play
безотка́зный, adj. unfailing, reliable
безотноси́тельно, adv. irrespectively
безоши́бочный, adj. correct, exact, without error

безрабо́тный, adj. unemployed
безразли́чие, n. indifference
безразме́рный, adj. dimensionless
безусло́вный, adj. unconditional, absolute
Бе́йеса pertaining to Bayes (same as **Ба́йеса**)
бе́йесовский, adj. Bayesian (same as **ба́йесовский**)
бе́йесовый, adj. same as **бе́йесовский**
бе́лый шум white noise
берну́ллиевый, adj. Bernoulli
бесконечноме́рный, adj. infinite dimensional
бесконе́чный, adj. infinite, endless
беспоря́до/к(-чность), m. (f.) disorder
беспоря́дочный, adj. disordered
беспреде́льный, adj. unlimited, boundless
беспристра́стный, adj. unbiased, impartial
бессвя́зность, f. incoherence; independence, absence of association
бе́сселевый, adj. Bessel
бесце́нный, adj. priceless, inestimable
бета-распределе́ние, n. beta-distribution
биллио́н, num. billion, milliard
биллио́нный, adj. billion, milliard
бимода́льный, adj. bimodal
биномиа́льн/ый, adj. binomial
  б.-ая вариа́ция b. variation
  б.-ое распределе́ние b. distribution
биологи́ческая стати́стика biostatistics
биометри́ческий, adj. biometric
биоме́трика, f. biometrics
бисериа́льный, adj. biserial
бла́г/о, n. welfare

фу́нкция обще́ственного б.-а social w. function

благоприя́тный, adj. favorable, successful

  б. исхо́д success, successful outcome

благоприя́тствующий, adj. favorable, successful

бланк, m. form

блок, m. block, unit

  б. информа́ции message, information b.

  рандомизи́рованный б. randomized b.

  случа́йный б. randomized b.

  станда́ртный б. package, *lit.* standard block

  сцеплённые б.-и linked b.'s

  уравнове́шенный некомпле́тный б. balanced incomplete b.

блоки́ровать, v. to block

бло́чный, adj. block

  (for other terms connected with block, see **план**)

блужда́ние, n. wandering, walk

  решётчатое б. lattice walk

  случа́йное б. random walk

бо́льший, adj. larger, greater

больш/о́й, adj. large, great; wide

  б.-о́е расхожде́ние w. discrepancy

  б.-о́е уклоне́ние (отклоне́ние) 1. *deviation*

брак, m. scrap, rejects, defect; marriage

брако́ванный, adj. defective, rejected

бракова́ть, v. to reject, discard

брако́вочное число́ rejection number

брако́вка, f. rejection

броса́ние моне́ты coin-tossing

бру́тто, adj. gross

бру́тто-коэффицие́нт воспроизво́дства gross reproduction coefficient

бу́дущее, n. future

бу́левский, adj. Boolean

бу́левый, adj. Boolean

бума́га, f. paper; document

  диагра́ммная б. diagram p., coordinate p.

  кле́тчатая б. cross-section p.

  копирова́льная б. tracing p.

  миллиметро́вая б. square p., cross-section p.

  норма́льная вероя́тностная б. normal probability p.

бухгалте́рия, f. accounting, bookkeeping

бэ́та-распределе́ние, n. beta-distribution

бюдже́т, m. budget

бюдже́тный, adj. budget

  б. дефици́т b. deficit

  б. изли́шек b. surplus

бюллете́нь, n. bulletin

Бюро́ Це́нзов Bureau of the Census

В

валов/о́й, adj. gross

  в.-а́я проду́кция g. production, g. output

  в. (национа́льный) проду́кт g. (national) product

ва́льдовский, adj. Wald, pertaining to Wald

вариа́нт, m. version, variant; treatment

вариацио́нный ана́лиз variance analysis, analysis of variance

вариацио́нный ряд ordered sample, ordered series, variational series, order statistics вариа́ция, f. variation

варьи́рование, n. variation (sum square of deviations)

в. внутри́ гру́ппы batch variation

варьи́рующий, adj. varying

введе́ние, n. introduction

ввести́ (вводи́ть) в заблужде́ние to mislead, lead into error

ве́домость, f. returns, statement; register, list

ве́ер, n. fan

ϵ-в. ϵ-f.

веков/о́й, adj. secular

в.-а́я тенде́нция s. trend

в. фа́ктор s. factor

ве́ктор, m. vector

в. вы́игрышей payoff v.

в. цен price v.

величин/а́, f. value, variable, quantity; size

в. интерва́ла range (of an interval)

в. наибо́льшей пло́тности mode

доста́точно про́сто устро́енные случа́йные в.-ы random variables of reasonably simple structure

коррели́рованная в. correlated value

незави́симые случа́йные в.-ы independent random variables

непреры́вная случа́йная в. continuous random variable

нормиро́ванная в. standardized value, value in standard measure

случа́йная в. random variable, chance variable, random value, stochastic value

случа́йные в.-ы норма́льно распределённые normally distributed random variables

сре́дняя в. average value

стохасти́ческая в. stochastic variable

верифика́ция, f. verification

ве́рн/ый, adj. valid, correct, true

гипо́теза в.-а the hypothesis is t.

вероя́тнейший, adj. the most probable

вероя́тност/ь, f. probability, chance

амплиту́да в.-и amplitude p.

апостерио́рная в. posterior p., a posteriori p., inverse p.

априо́рная в. prior p., a priori p.

безусло́вная в. absolute p., unconditional p.

в. выжива́ния survival p.

в. вы́хода emergence p., output p.

в. долгове́чности survival p.

в. отбо́ра p. of selection

в. перехо́да transition p.; stochastic transition function

в. поглоще́ния absorption p.

в. прекраще́ния (проце́сса) extinction p. (of a process)

в. приёмки c. of acceptance, p. of acceptance

в. с запре́тами taboo p.

довери́тельная в. fiducial p.

га́уссовское распределе́ние в.-ей Gauss p. distribution

запре́тная в. taboo p.

крива́я ра́вных в.-ей equiprobability curve

обращённая в. inverse p.

пло́тность в.-и p. density

по́лная в. composite p., total p.

по в.-и; по всей в.-и, i. in p.; most probably

субъекти́вная в. personal p.

сходи́мость по в.-и convergence in p., stochastic convergence

усло́вная в. conditional p.

элеме́нт в.-и p. element

эмпири́ческая в. empirical p.

вероя́тностн/ый, adj. probability

в.-ая бума́га p. paper

в.-ая ме́ра   p. measure

в.-ое простра́нство   p. space

в. проце́сс   p. process

в.-ая се́тка   p. paper

вероя́тн/ый, adj.   probable, likely

бо́лее в.   more p.

в.-ая оши́бка   p. error

в.-ое отклоне́ние   p. deviation

весьма́ в.   highly p.

наибо́лее в.   most p.

вес, m.   weight

в. сло́я   stratum w.

статисти́ческий в.   statistical w.

чи́стый в.   pure w.

весова́я фу́нкция   weight function

веса́ наблюде́ний   w.'s of observations

весьма́ правдоподо́бно   most likely

ветвя́щийся, adj.   branching

взаи́мная зави́симость, f.   interdependence, interrelation

взаи́мно, adv.   mutually; relatively

в.-однозна́чный   one-to-one

в. непересека́ющийся   m. disjoint

в. противополо́жный   m. antithetical

в. уничтожа́ются, i.   (they) cancel out

взаимоде́йствие, n.   interaction

взаимообра́тный, adj.   inverse; reciprocal

взаимосвя́зь, f.   relationship, correlation, interdependence

взаимосвя́занный, adj.   interdependent

взве́шенн/ый, adj.   weighted

в.-ое сре́днее   w. mean

вид, m.   view; form, type, kind

видоизмене́ние, n.   modification, alteration, change

видоизменённый, adj.   modified, changed

ви́неровский, adj.   Wiener, pertaining to Wiener

вклад, m.   score, contribution; deposit, investment

включе́ние, n.   inclusion

влече́ние собы́тий   implication of events

влечёт за собо́й   implies

вло́женная цепь Ма́ркова   imbedded Markov chain

вну́тренн/ий, adj.   inner, interior; intrinsic; domestic

в.-яя то́чность   intrinsic accuracy

в.-ее потребле́ние   d. consumption

внутри́, prep.   in, inside, within, among, intra-

внутрибло́чный, adj.   intrablock

внутрисисте́мный, adj.   endogenous

внутристроево́й, adj.   within arrays

возвра́т, m.   call-back, return; recovery

вре́мя возвра́та   recovery time

возвра́тность, f.   recurrence; reflexivity

возвра́тный, adj.   recurring; reciprocal; reflexive

возвраще́н/ие, n.   recurrence, return; replacement

вы́бор с в.-ием   sampling with replacement

теоре́ма в.-ия   recurrence theorem

возде́йствие, n.   effect, action

возмо́жные де́йствия   possible actions, courses of action

возмо́жность, f.   possibility; admissibility

возмуща́ющий, adj.   disturbing; superposed

возника́ть, v.   to arise, occur, appear

во́зраст, m.   age

в. разгово́ра   length of a conversation

возраста́ющий приро́ст   increasing rate

возрастн/о́й, adj.   age

в.-ая аккумуля́ция   accumulation of a.'s

в.-ая пирами́да a. pyramid
в. соста́в a. composition
вокру́г, prep. about, around
рассе́яние в. variation about
волна́, n. wave
    сезо́нная в. seasonal pattern
вопро́сник, m. questionnaire
вопро́сный лист questionary, questionnaire
восемна́дцат/ь (-ый), num., (adj.) 18—eighteen (18th—eighteenth)
во́семь, num. 8—eight
во́семьдесят, num. 80—eighty
восемьсо́т, num. 800—eight hundred
воско́вка, f. tracing paper
восприя́тие, n. perception
воспроизводи́ть (воспроизвести́), v. to reproduce
восстановле́н/ие, n. recovery, renewal, restoration
    вре́мя в.-ия recovery time
    крива́я в.-ия renewal characteristic
    тео́рия в.-ия renewal theory
восстано́вленный, adj. restored; erected
восьмидеся́тый, adj. 80th—eightieth
восьмо́й, adj. 8th—eighth
восьмисо́тый, adj. 800th—eight hundredth
враща́тельный вы́бор rotation sampling
враще́ние, n. rotation, revolution
временн/о́й, adj. time, temporal
    в. ряд time series
временны́е ряды́, pl. time series
вре́менн/ый, adj. temporary, provisional
    в.-ое населе́ние temporary population
    в.-ые да́нные provisional figures
вре́мя, n. time
    в. возвра́та recovery t.

в. возвраще́ния recurrence t.
в. восстановле́ния recovery t.
в. вы́борки одного́ сло́ва word t.
в. завершё́ния completion t.
в. за́нятости congestion t.
в. испо́льзования consumption t.
в. обслу́живания service t., holding t.
в. одного́ поколе́ния generation t.
в. пребыва́ния sojourn t., occupancy t.
в. перехо́да transition t.
в. просто́я idle t., standstill t.
в. прохожде́ния t. of passage
в. стоя́нки standing t.
на до́лгое в. in the long run, for a long t.
на коро́ткое в. in a short run, for a short t.
всего́ total, altogether
всё (простра́нство) entire (space)
всё . . . за исключе́нием, i. all . . . but
вспомога́тельный, adj. auxiliary, subsidiary
встре́ча, f. meeting, encounter
вступи́тельный взнос entrance fee
втори́чн/ый, adj. second, secondary; iterated
    в.-ая группиро́вка s. grouping
второ́й сме́шанный моме́нт covariance, *lit.* second mixed moment
вход, m. input, entry, entrance
    в. табли́цы table entry
входна́я ско́рость кана́ла channel input rate
входно́е распределе́ние hitting probability distribution; input distribution
входны́е да́нные input data, entries

вы́бор, m. sampling, drawing, choice, selection, option (see also **отбор**)

беспристра́стный в. unbiased sampling

враща́тельный в. rotation s.

в. без возвраще́ния s. without replacement

в. на ка́чественные при́знаки s. of attributes

в. с возвраще́нием s. with replacement

в. с нера́вными вероя́тностями unequal probability s.

гнездово́й в. cluster s.

замеща́ющий в. importance s.

ко́свенный в. indirect s.

механи́ческий в. systematic s.

многосло́йный в. stratified s.

многоступе́нный в. multiple s.

непосре́дственный в. direct s.

непреры́вный в. continuous s.

неравновероя́тный в. unequal probability s.

однокра́тный в. unitary s.

периоди́ческий в. period s.

по в.-у, adv. by choice, optional

пристра́стный в. biased s.

произво́льный в. optional s.

пропорциона́льный в. proportional s.

просто́й случа́йный в. simple random s.

пучко́вый в. cluster s.

решётчатый в. grid s., lattice s.

системати́ческий в. со случа́йным нача́лом systematic s. with a random start

вы́борк/а, f. sample (*incorrectly used as sampling*), excerpt, selection, access

бесповто́рная в. non-repeated sample

возвра́тная в. recapturate s.

в. без ограниче́ний unrestricted s.

в. вероя́тности probability s.

в. для бу́дущих подвы́борок master s.

в. из вы́борки subsample

в. из спи́ска list s.

в. по гру́ппам quota s.

в. по зо́нам zonal s.

в. с возвраще́нием s. with replacement

в. чи́сленностью n a s. of size n

вы́ровненная в. aligned s.

гнездова́я в. cluster s.

двойна́я в. double s., duplicate s.

двухступе́нчатая в. double-stage s.

детермини́рованная в. determinate s.; artificial s.

дефе́ктная в. defective s.

до́ля в.-и sampling fraction

дублика́т в.-и duplicate s.

значи́мость в.-и significance of a s.

иску́сственная в. artificial s.

исключи́тельная в. exceptional s.

лотере́йная в. lottery s.

ме́тод про́бных вы́борок model sampling

многоступе́нчатая в. multistage s.

многофа́зная в. multiphase s.

многоцелева́я в. multi-purpose s.

многошаго́вая в. multistage s.

неполне́ случа́йная в. judgement s.

необрабо́танная в. crude s.

неслуча́йная в. non-random s.

объём в.-и s. size

однокра́тная в. single s.

одноступе́нчатая в. single stage s.

основно́й объём в.-и при обсле́довании variable radix

переме́нный объём в.-и varying s. size

план в.-и sampling plan

повто́рная в. repeated s.

послойная в. post-stratified s.

преднамеренная в. purposive s.

представительная в. representative s.

произвольный порядок в.-и random access sampling

простая в. simple s.

расслоённая в. stratified s.

репрезентативная в. representative s.

репрезентативность в.-и representative nature of a s.

сбалансированная в. balanced s.

систематическая в. systematic s.

случайная в. random s.

смещённая в. biased s.

стратифицированная случайная в. stratified random s.

судить на основании в.-и to argue from the s.

существенная в. importance s.

территориальная в. area s.

типологическая случайная в. stratified random s.

упорядоченная в. ordered s.

уравновешенная в. balanced s.

цена в.-и cost of a s.

цензурированная в. censored s.

центр в.-и center of a s.

центрированная в. centered s.

численность в.-и s. size

элемент в.-и s. unit

выборочн/ый, adj. sampling, sample, selection

в.-ая доля sampling fraction

в.-ая единица sampling unit

в.-ая инспекция sampling inspection

в.-ая совокупность семей sample households

в.-ая средняя sample mean

в.-ая траектория sample path

в.-ая функция sample function

в.-ая характеристика statistic

в.-ое наблюдение sampling observation

в.-ое обследование sample survey

в.-ое распределение sample distribution

в. контроль sampling inspection

в. план sampling plan, sampling design

в. план последовательного типа sequential sampling plan

в. показатель statistic

первичная в.-ая единица primary s. unit

строгий текущий в. план tightened continuous sampling plan

текущий в. план continuous sampling plan

выборщик, m. sampler, selector

выбранный, adj. selected, chosen

выброс, m. run; interjection

вывод, m. derivation, inference, conclusion; output

вызов, m. call, summons

напрасный в. lost c.; blocking

выгод/а, f. utility, advantage, benefit, profit

функция в.-ы u. function

выгоднейший, adj. optimum, optimal, most profitable

выгодность, f. utility, advantageousness

выдвинутый, adj. proposed, introduced, stated, raised; moved out

выделение, n. selection; isolation; discharge

в. смещения s. bias

выживани/е, n. survival, survivability

вероятность в.-я survival probability

выигрыш, m. win, payoff, gain, yield

средний в. average p.

чистый в. net g.

вы́кладка, f. computation, calculation

вынесе́ние реше́ния, i. making a decision, deciding

вынима́ть (вы́нуть), v. to take out, draw out

вы́носка, f. footnote; removal

вынужде́ние, n. restriction, constraint

вы́плата, f. payoff, payment

вы́правленное значе́ние corrected value

вы́пукл/ый, adj. convex

    в.-ая оболо́чка c. hull

    в.-ое программи́рование c. programming

вы́пуск, m. output, production; issue

вы́работка, f. manufacture, output; development, elaboration

выра́внивание, n. smoothing, fitting

    в. ме́тодом наиме́ньших квадра́тов least square f.

    в. по прямо́й f. a straight line

выра́внивать, v. to fit, smooth, align

выра́внивающая крива́я fitted curve

вы́ровненн/ый, adj. aligned, adjusted, evened; fitted

    в.-ая вы́борка aligned sample

вырожде́ние, n. confluence; degeneracy, extinction

вы́рожденная гипергеометри́ческая фу́нкция confluent hypogeometric function

выска́кивающее наблюдённое значе́ние outlying observed value

высокозначи́мый, adj. highly significant

вы́тащить (выта́скивать), v. to draw out, pull out

выхва́тывание, n. "chunk" (a term introduced by Hauser for an incorrect method of sampling)

вы́ход, m. output; outcome, yield; emergence

вычё́рчивание криво́й по то́чкам fitting (a curve)

вычё́рчивать (вы́чертить), v. to plot, trace, draw

вычисле́ние, n. computation, reckoning, counting, accounting

вы́ше, adv. above, higher

вы́ше сре́днего above the average

выясне́ние, n. clearing up; determination

Г

га́мма-распределе́ние, n. gamma-distribution

га́мма-фу́нкция, f. gamma-function

    непо́лная г.-ф. incomplete g.-f.

гаранти́рованный, adj. guaranteed, warranted, assured

гара́нтия, f. guarantee, protection

    г. от нестаби́льности p. against spottiness

гармонизу́емость, f. harmonisability

гармо́ника, f. harmonic

гармони́ческое разложе́ние harmonic analysis

га́уссов, adj. Gauss, Gaussian

га́уссовское распределе́ние вероя́тностей Gauss probability distribution

генера́льн/ый, adj. general, universal

г.-ая совоку́пность main population, general totality, population, universe

г.-ая сре́дняя population mean

герб, m. head (of a coin); arms

гетероге́нный, adj. heterogeneous

гетероклити́ческий, adj. heteroclitic

ги́бел/ь, f. death; destruction, ruin

проце́сс г.-и death process

ги́бкость, f. flexibility

гибри́д, m. hybrid

гипергеометри́ческий, adj. hypergeometric

гипо́теза, f. hypothesis

альтернати́вная г. alternative h.

г. незави́симости h. of independence

допусти́мая г. admissible h.

конкури́рующая г. competing h., alternative h.

лине́йная г. linear h.

ненулева́я г. non-null h.

нулева́я г. null h.

оши́бочная г. false h.

проверя́емая г. tested h.

проста́я г. simple h.

противопоставля́емая г. alternative h.

противоре́чащая г. contradictory h., opposite h.

рабо́чая г. working h.

сло́жная г. composite h.

статисти́ческая г. statistical h.

гипотети́ческий, adj. hypothetical

гистогра́мма, f. histogram

гистогра́мма для не́скольких при́знаков multiple bar chart

гла́вн/ый, adj. main, principal

г.-ая су́мма m. total, grand total

г. проду́кт m. product

г. эффе́кт m. effect

глоба́льный, adj. global

гнездово́й, adj. nested, clustered

год, m. year

годи́чный, adj. yearly, annual

го́дный, adj. effective, fit, valid, serviceable

годово́й, adj. yearly, annual

г.-ое потребле́ние a. consumption

г. бала́нс y. balance

г. дохо́д y. revenue, a. receipts

г. отчёт y. report

го́лос, m. vote

голосова́ние, n. voting, ballot

гомоге́нный, adj. homogeneous

гомоклити́ческий, adj. homoclitic

гомоскедасти́чность, f. homoscedasticity

госбюдже́т, abbr. State budget

госстати́стика, abbr. government statistics, state statistics

града́ция, f. gradation, level

грани́ц/а, f. boundary, limit

г. до́пуска tolerance l.

г. интерва́ла группиро́вки class l.

г. интерва́лов class l.

г. приёмки acceptance b.

г.-ы спецфика́ции specification l.'s

гла́дкая г. smooth b.

крити́ческая г. rejection l.

грань, f. side, face; bound

графа́, f. column of a table

гра́фик, m. chart, graph

г. временно́го ря́да historigram

г. пло́тности распределе́ния frequency curve

г. па́ртии lot plot

графи́ческ/ий, adj. graphic, graphical

г.-ая оце́нка g. estimate

г.-ое изображе́ние g. presentation

гре́ко-лати́нский квадра́т Graeco-Latin square

гроздь, f. cluster

гру́бость, f. robustness; coarseness, crudity

груб/ый, adj. crude, raw, gross, coarse

г.-ое группирова́ние wide grouping

гру́пп/а, f. group, block, lot

вы́борка по г.-ам quota sample

г. взаи́мно проника́ющих вы́борок network of samples

г. враще́ний окру́жности circle g.

дели́мый на г.-ы g. divisible

мода́льная г. modal g.

группирова́ние, n. grouping, classification

одноро́дное г. homogeneous g.

группиро́ванное распределе́ние group distribution

группиро́вк/а, f. grouping, pooling, classification

г. да́нных g. of data

г. кла́ссов p. of classes

г. наблюде́ний observations taken in groups

г. по двум при́знакам two-way classification

г. по ка́честву qualitative g.

длина́ интерва́ла г. class length

интерва́л г.-и class interval

группов/о́й, adj. group, grouped

г.-а́я табли́ца grouping table

г.-о́е обслу́живание bulk service

г. моме́нт g. moment

Д

далёкий, adj. remote, distant

дальне́йш/ий, adj. further, subsequent

д.-ая продолжи́тельность жи́зни expectation of life

да́нн/ые, n. (pl.) data, particulars, information, records

вре́менные д. provisional d.

входны́е д. entries, input d., d.-in

выходны́е д. output d., d.-out

д. зави́сящие от вре́мени time replicated d.

д. пе́реписи населе́ния population census d.

ка́чественные д. qualitative d.

нако́пленные д. accumulated d., historical d.

непо́лные д. incomplete d.

обрабо́тка д.-ых d. handling, d. processing

о́пытные д. experimental d.

первонача́льные д. initial d., raw d.

поме́сячные д. monthly d.

предвари́тельные д. preliminary d.

преобразова́ние д.-ых d. conversion

репрезентати́вные д. representative d.

сбор д.-ых d. gathering

сгла́живание д.-ых d. smoothing

сгруппиро́ванные д. integrated d., grouped d.

спра́вочные д. reference d.

сравни́мые д. compara/ble(tive) d.

статисти́ческие д. statistical d.

то́чные д. accurate d.

упоря́доченные д. ranked d., ordered d.

усечённые д. truncated d., censored d.

цензури́рованные д. censored d.

цифровы́е д. numerical d., digital d.

эксперимента́льные д. test d., experimental d.

да́тчик случа́йных чи́сел random number generator

два, две, два, num. 2—two
два́дцать, num. 20—twenty
  двадца́тый, adj. 20th—twentieth
два́дцать оди́н, num. 21—twenty-one
два́дцать пе́рвый, adj. 21st—
  twenty-first
два́дцать пять, num. 25—twenty-
  five
два́дцать пя́тый, adj. 25th—twenty-
  fifth
два́жды, adv. twice, doubly
  д. уре́занный d. truncated
двена́дцать, num. 12—twelve
  двена́дцатый, adj. 12th—twelfth
две́сти, num. 200—two hundred
две ты́сячи, num. 2,000—two thousand
движе́ние тра́нспорта traffic
двойн/о́й, adj. dual, double
  д.-ая логарифми́ческая сеть double
    logarithmic chart
  д. счёт d. accounting
дво́йственность, f. duality
дво́йственный, adj. dual
дво́ичный, adj. binary
двуме́рн/ый, adj. bivariate; two-
  dimensional
  д.-ое распределе́ние b. distribution
двусторо́нн/ий (двухсторо́нн/ий), adj.
  bilateral, two-sided
  д.-е ограни́ченный крите́рий
    double-tailed test
  д.-яя классифика́ция two-way
    classification
двухвы́борочный, adj. two-sample,
  double-sample
двухгоди́чный, adj. biennial
двухнеде́льный, adj. fortnightly
двухпутево́й кана́л свя́зи two-way
  communication channel
двухсо́тый, adj. 200th—two
  hundredth
двухступе́нчатый, adj. two-step

двухты́сячный, adj. 2,000th—two
  thousandth
девальва́ция, f. devaluation
девиа́та, f. variance; deviation
девиа́ция, f. deviation
деви́зы, m. (pl.) foreign exchange
девятисо́тый, adj. 900th—nine
  hundredth
девя́тый, adj. 9th—ninth
де́вять, num. 9—nine
девятьсо́т, num. 900—nine hundred
де́йстви/е, n. act, action, operation
  простра́нство д.-я action space
декоди́руемость, f. decodability
де́лать, v. to do, make
  д. вы́вод to draw a conclusion,
    conclude
делов/о́й, adj. business
  д.-ое обсле́дование b. survey, b.
    test
деля́нка, f. plot, allotment
  раздро́блённая д. split p.
демографи́ческие показа́тели demo-
  grafic indices, indicators of demo-
  graphical trends
демогра́фия, f. demography
де́нежная едини́ца monetary unit
день, m. day
де́ньги, (pl.) money
  нали́чные д. cash
депози́т, m. deposit
депре́ссия, f. depression, slump
де́рево, n. tree; graph
десятиты́сячный, adj. ten thousandth
де́сять, num. 10—ten
деся́тый, adj. 10th—tenth
де́сять ты́сяч, num. ten thousand
дета́ль, f. detail, component
детализа́ция, f. specification, detailing
детализи́рованный, adj. detailed, dis-
  aggregated
детермина́нт(а), m. (f.) determinant

детермина́ция, f. determination
  после́довательная д. incremental d.
  ча́стная д. separate d.
дефе́кт, m. defect, spot
  значи́тельный д. major d.
  крити́ческий д. critical d.
  незначи́тельный д. minor d.
  несуще́ственный д. incidental d.
дефе́кт/ный (дефекти́в/ный), adj. defective, imperfect, faulty
  допусти́мое число́ д.-ных изде́лий
  (number of) allowable defects
дефици́т, m. deficit
дефля́ция, f. deflation
деци́ль, f. decile
диагра́мма, f. diagram, chart, figure
  арифмети́ческая д. arithmetic c.
  д. диспе́рсий scatter d.
  д. кванти́лей quantile d., fractile d.
  д. коли́чественных измене́ний
  arithmetical c.
  д. нараста́ющих сумм cumulative
  sum c.
  д. сравне́ния (временны́х) рядо́в
  strata c.
  д. фаз phase d.
  корреляцио́нная д. correlation d.
  кругова́я д. circular c.
  ле́нточная д. horizontal bar c.
  полулогарифми́ческая д. ratio
  chart, semi-logarithmic c.
  проце́нтная д. percentage d.
  сто́лбиковая д. column d., bar d.
  сто́лбчатая д. bar d.
  то́чечная д. dot c.
дивиде́нд, m. dividend
дина́мик/а, f. dynamics, movement
  д. цен price behavior
  д. производи́тельности труда́ productivity m.
  ряд д.-и time series
директи́в, m. directive

д.-ы пла́на plan target
дискре́тн/ый, adj. discrete
  д.-ое распределе́ние d. distribution
  д. проце́сс d. process
дискримина́нтная фу́нкция discriminant function, discriminator
дисперсио́нн/ый, adj. dispersion,
  variance
  д.-ая матри́ца d. matrix
  д.-ое отноше́ние v. ratio
дисперси/я, f. variance, dispersion,
  scattering
  вну́тренняя д. internal d., internal v.
  д. в преде́лах слоёв v. within strata
  д. ме́жду кла́ссами interclass v.
  д. оши́бки error v.
  компоне́нта д.-и component of a v.
  межгруппова́я д. v. between groups,
  external v.
  обобщённая д. generalized v.
  оста́точная д. residual v.
  относи́тельная д. relative v.
  расщепле́ние д.-и splitting of v.
  случа́йная д. random v.
  спо́соб пониже́ния д.-и v. reduction
  method
  усло́вная д. conditional v.
диспропорциона́льный, adj. disproportionate
дисципли́на, f. discipline
дихото́мия, f. all-or-none data; di-
  chotomy
  биномиа́льная д. binomial d.
длина́ интерва́ла группиро́вки class
  length
дли́тельность, f. duration, length
  д. жи́зни d. of life
  д. разгово́ра l. of a conversation
добавле́ние, n. bonus, allowance, addition, supplement
доба́вленная сто́имость added value
доба́вочный, adj. additional, further

довéри/е, n. confidence
  стéпень д.-я degree of c.
  доверúтельн/ый интервáл confidence interval
  кратчáйшие д.-ые и.-ы shortest c. i.'s
  доверúтельное оцéнивание estimation by means of confidence regions

дóвод, m. reason, argument
  д. от незнáния a. from ignorance
  обоснóванный д. just, fixed r.

дóза, f. dose

дожú/тие (-вáние), n. survival, surviving; residual expectation of life

доказáтельство, n. proof, evidence

долговрéменный, adj. durable, lasting

долгосрóчный, adj. long-term

дóля, f. proportion, part, segment, fraction, rate, share, lot, portion
  вы́борочная д. sampling f.
  д. брáка proportion of defective
  д. вы́борки sampling f.
  д. несчáстных слýчаев accident r.
  д. отказáвшихся отвечáть refusal r. (in a survey)
  д. смéртности death r.
  допустúмая д. дефéктных издéлий acceptable quality level; allowable defect r.

домини́рование, n. dominance, domination

дóнный, adj. base, ground

доóпытный, adj. pre-experimental, *a priori*

дополни́тельн/ый, adj. supplemental (supplementary), extra, incremental; ancillary
  д.-ая информáция s. information

дóпуск, m. tolerance, admittance

допускáемый, adj. specified; tolerated, admitted
  д. предéл specification limit
  д. риск t. risk

допустúмость, f. admissibility, permissibility, acceptability, feasibility

допустúм/ый, adj. admissible, permissible, acceptable
  д.-ая дóля дефéктных издéлий acceptable quality level
  д.-ое колúчество дефéктных издéлий tolerance number of defects
  д.-ые предéлы tolerance limits
  д. интервáл изменéния кáчества acceptable quality range

допущéние, n. assumption, hypothesis

дословно, adv. verbatim

достáточность, f. sufficiency
  совмéстная д. joint s.

достáточн/ый, adj. sufficient
  д.-ая статúстика s. statistic

достовéрность, f. reliability, certainty; significance

достовéрн/ый, adj. certain, sure, reliable
  д.-ое собы́тие c. event

достýпность, f. accessibility
  пóлная д. complete a.

дохóд, m. income, revenue, profit

дохóдность, f. rentability, profitableness

дохóдный, adj. profitable

дрóбный, adj. fractional

дробь, f. fraction

дуáльный, adj. dual

дубликáт, m. duplicate, replica

(на) дýшу населéния per capita

дю́жина, f. dozen

Е

едини́ца, f. unit, identity
  е. второ́го поря́дка secondary u.
  е. вы́борки sampling u.
  е. измере́ния computing u., unit of measure
  е. измере́ния шкалы́ scale numeral
  е. масшта́ба computing u.
  е. пе́рвого поря́дка primary u.
  е. счёта u. of accounting
едини́цы, f. (pl.) units
  перви́чные вы́борочные е. primary sampling u.
  просте́йшие е. (в вы́боре) elementary (sampling) u.
едини́чн/ый, adj. unit, single
  е.-ая окру́жность u. circle

е.-ая сто́имость u. value
е. круг u. circle
единовре́менное (изда́ние) occasional (publication)
еди́нственный, adj. unique, the only
ежего́дник, m. yearbook
ежего́дный, adj. annual
  е. отчёт a. report
ежекварта́льное (изда́ние) quarterly (publication)
ежеме́сячное (изда́ние) monthly (publication)
ёмкость, f. capacity
есте́ственный, adj. natural, intrinsic
  е. отбо́р n. selection
  е. приро́ст n. increase, n. growth

Ж

жа́лован/ье (-ие), n. salary (gratuity, grant)
жела́/емый (-нный), adj. desired
жела́тельный, adj. desirable
жеребьёвка, f. tossing, sortition, draw
жизн/ь, f. life

продолжи́тельность ж.-и duration of l., lifetime
веро́ятная продолжи́тельность ж.-и life expectancy
жи́тель, m. inhabitant, resident
жре́би/й, m. toss, lot, draw
  по ж.-ю randomly, by lot
журна́л, m. periodical, journal

З

за преде́лом, pr. ph. beyond
забрако́ванн/ый, adj. rejected
  з.-ое изде́лие r. item
забракова́ть, v. to reject
заверш/а́ть (-и́ть), v. to complete

зави́сим/ый, adj. dependent
  з.-ая переме́нная величина́ d. variable, effect variable
зави́симость, f. dependence
  взаи́мная з. interdependence

з. от предыду́щих (величи́н) antedependence

з. при́знаков   d. of characteristics

стохасти́ческая з.   stochastic d.

эмпири́ческая з.   empirical d., empirical equation

зави́сящий, adj.   depending

загла́вие, n.   title, heading

заголо́вок, m.   heading, title

загото́вка, f.   procurement, ingathering

загру́зка, f.   load; batch

задава́ть, v.   to define, set, assign

за́данн/ый, adj.   preassigned, defined, specified, given

     з.-ое значе́ние   g. value, s. value, p. value

зада́ча, f.   problem

     з. вы́бора кратча́йшего маршру́та shortest route p.

     з. о бродя́чем торго́вце   traveling salesman p.

     з. о встре́че   encounter p.

     з. о коммивояжёре   traveling salesman p.

     з. о назначе́ниях   p. of allocation, assignment p.

     з. о перево́зках   transportation p.

     з. о поставщике́   caterer p.

     з. о ра́нце   knapsack p., loading p.

     з. о столкнове́ниях   encounter p.

     з. о хране́нии на скла́де   warehousing p.

     з. об оце́нке результа́тов голосова́ния   ballot p.

     з. плани́рования произво́дства activity analysis p., activity scheduling p.

     з. по́иска   search p.

     з. разоре́ния   ruin p.

     з. с разрывно́й фу́нкцией цен   fixed charge p.

з. совпаде́ния   coincidence p.

з. хране́ния   inventory (control) p.

з.-и ма́ссового обслу́живания   congestion p.'s, queueing p.'s

тра́нспортная з.   traffic p.; transportation p.

тра́нспортная з. с ограниче́ниями по пропускно́й спосо́бности   capacitated Hitchcock p.

заде́ржка, f.   lay, delay, lag

зака́з, m.   order

заключе́ние, n.   conclusion, inference

закоди́ровать, v.   to encode

зако́н, m.   law, rule

     з. больши́х чи́сел   l. of large numbers

     з. итерати́вного логари́фма   l. of iterated logarithm

     з. ма́лых чи́сел   l. of small numbers

     з. повто́рного логари́фма   l. of iterated logarithm

     з. преде́льной синусо́иды   sinusoidal limit theorem

     з. Пуассо́на   Poisson l., Poisson distribution

     з. ра́вной вероя́тности   equal probability l.

     з. равноме́рного старе́ния   l. of uniform seniority

     з. распределе́ния   distribution l.

     з. сложе́ния взаи́мно несовмести́мых собы́тий   addition l. for mutually exclusive events

     уси́ленный з. больши́х чи́сел   strong l. of large numbers

     усто́йчивый з.   stable l.

закономе́рность, f.   regularity, rule, law; relationship

     статисти́ческая з.   statistical regularity

заме́на, f.   replacement, substitute

заменя́ем/ый, adj.   replaceable, interchangeable

взаи́мно з.-ые случа́йные величи́ны (mutually) i. random variables

заме́р, m. measurement, observation; sampling

заме́тка, f. note, notice

замеча́ние, n. remark

замеща́ющий вы́бор importance sampling

замеще́ние, n. replacement, substitution

занима́ть (заня́ть), v. to occupy; borrow

заня́тие, n. occupation

за́нятость, f. employment

за́нятый, adj. employed, busy, occupied

запа́здывание, n. lag, delay

запа́с, m. stock, stockpile, inventory, supply

запаса́ние, n. storage, accumulation

за́пись, f. notation, listing, entry

заполне́ние, n. filling in, completion

з. анке́ты, f. in of a questionnaire

за́работная пла́та salary, wages

зараже́ние, n. contagion, infection

зара́зный, adj. contagious, infectious

зара́нее, adv. beforehand, in advance

засе́чка, f. bearing, notch

засоре́ние, n. impurity, obstruction

затабули́ровать, v. to tabulate

затра́т/а, f. input; expenditure, cost

з. живо́го труда́ labor i., labor requirement

з.-ы труда́ labor costs

затуха́ние, n. damping

затуха́ющее колеба́ние damping oscillation

заци́кливание, n. cycling

зачасту́ю, adv. frequently, often

заштрихо́ванный, adj. shaded, hatched

зая́в/ка, f. requirement, request, demand, claim; customer, call (in queueing theory)

пото́к з.-ок stream of customers

звёздочка, f. asterisk

знак, m. symbol, sign

подписны́е з.-и subscripts

зна́чащий, adj. significant

значе́ние, n. value, significance, importance

выска́кивающее наблюдённое з. outlying observed v.

з. пара́метра parameter point

и́стинное з. ideal v., true v.

изме́ренное з. measured v., observed v.

кра́йнее з. extreme v.

наблюдённое з. observed v.

наиверо́ятнейшее з. most probable v.

ожида́емое з. expected v.

со́бственное з. proper v.

среди́нное з. median v.

сре́днее з. mean v.

сре́днее з. вы́борки mean sampling v.

фикси́рованное з. fixed v., specified v.

значе́ния, n. (pl.) values

вы́борочные з. sampling v.

кумуляти́вные з. summation v., cumulative v.

эквидиста́нтные з. equidistant v.

значи́мост/ь, f. significance, importance

з. вы́борки i. of a sample

крите́рий з.-и s. test

преде́л з.-и s. limit

у́ровень з.-и s. level, size of a (rejection) region

значи́мый, adj. significant

зо́на, f. zone, region

игла́, f. pin

  и. Бюффо́на Buffon's p.

игр/а́, f. game, play

  администрати́вная и. management g.

  аза́ртная и. g. of chance, gambling

  безоби́дная и. fair g.

  бескоалицио́нная и. non-cooperative g.

  бесконе́чная и. infinite g.

  ве́рхняя цена́ и.-ы́ upper value of a g.

  вполне́ сме́шанная и. completely mixed g.

  вы́ход из и.-ы́ pass

  и. в обобщённой фо́рме extensive g.

  и. в развёрнутой фо́рме g. in an extensive form

  и. на истоще́ние attrition g.

  и. на ускольза́ние eluding g.

  и. не́скольких игроко́в multi-person g.

  и. проводи́мая на простра́нстве фу́нкций g. played over function space

  и. с возмо́жностью коопери́рования cooperative g.

  и. с двумя́ уча́стниками и возмо́жностью их коопери́рования two person cooperative g.

  и. с едини́чным наблюде́нием числово́й величины́ g. with a numerical-valued single observation

  и. с идеа́льной па́мятью g. with perfect recall

  и. с нето́чной переда́чей информа́ции g. with inexact information

  и. с нулево́й су́ммой zero-sum g.

  и. с ограниче́ниями constrained g.

  и. с по́лной информа́цией g. with perfect information

  и. с после́довательной вы́боркой sequential g.

  и. с постоя́нной су́ммой constant-sum g.

  и. с фикси́рованным объёмом вы́борки fixed sample-size g.

  и. случа́йных фа́кторов p. of random factors

  и. слу́чая p. of chance

  и. чи́стого слу́чая p. of pure chance

  конфигурацио́нная и. block design g.

  коопера́ти́вная и. cooperative g.

  мажорита́рная и. majority g.

  ма́тричная и. matrix g.

  минора́нтная и. minorant g.

  многоходова́я и. multi-monic g.

  непреры́вная и. continuous g.

  несуще́ственная и. unessential g.

  ни́жняя цена́ и.-ы́ lower value of a g.

  план и.-ы́ plot of a g.

  позицио́нная и. position g.

  полиномиа́льная и. polynomial-like g.

  по́лностью редуци́рованная и. completely reduced g.

  пра́вило и.-ы́ g. rule

  разделённая и. disjunctive g.

  раздели́мая и. separable g.

  реше́ние и.-ы́ solution of a g.

  ры́ночная и. market g.

  сете́вая и. network g.

  суще́ственная и. essential g.

игрово́й, adj. game

  и. тип g.-type

игро́к, m. gambler

  разоре́ние и.-а gambler's ruin

и́гры, f. (pl.) games

тео́рия игр   theory of g.

эквивале́нтные и́гры   equivalent g.

идеа́льная фо́рмула Фи́шера   Fisher's ideal formula

идентифици́руемость, f.   identifiability

иде́я, f.   idea, gist

иерархи́ческий, adj.   hierarchical

избира́тельность, f.   selectivity

избы́ток, m.   excess

избы́точность, f.   redundancy, excessiveness

извлече́ние, n.   drawing, extraction

изготовле́ние, n.   manufacture, production

изде́лие, n.   product, article, item

доста́вленное и.   delivered p.

и. име́ющее преде́льные сво́йства   borderline p.

и. несоотве́тствующее тре́бованиям   non-conforming p.

и. соотве́тствующее тре́бованиям   conforming p.

подозри́тельное и.   maverick

при́нятое и.   accepted p.

изде́ржки, f. (pl.)   costs

и. произво́дства   cost of production

изли́шек, m.   excess, surplus

изли́шний, adj.   extra, unnecessary, redundant

изложе́ние, n.   exposition, presentation

измене́н/ие, n.   change, variation

и.-ия в чи́сленности населе́ния   c.'s in population

и. масшта́ба   scaling

несистемати́ческое и.   erratic c.

изме́нчивост/ь, f.   changeability, variation, variability, variance

и. при́знака   mutability of property, variability of characteristics

коэффицие́нт и.-и   coefficient of variation

объясни́мая и.   explained variation

случа́йная и.   chance variation

измере́ние, n.   reading, measuring, score; dimension

измере́ния, n. (pl.)   measurements; dimensions

вы́ровненные и.   adjusted m.

расходя́щиеся и.   divergent m.

сопряжённые и.   conditioned m.

измери́мый, adj.   measurable

изна́шивание, n.   wearout

изно́с, m.   wear, wear and tear, deterioration

изображе́ние, n.   representation, presentation, image

име́ть, v.   to have

име́ющийся в нали́чии, i.   available

имита́ция, f.   imitation, simulation

имити́рование, n.   imitation, simulation

иммигра́ция, f.   immigration

и́мпульс, m.   impulse

инвариа́нтная ме́ра   invariant measure

инвариа́нтность, f.   invariance

и́нверзная корреля́ция   inverse correlation

инве́рсия, f.   inversion, reversal

и́ндекс, m.   index, index number, subscript

агрега́тный и.   aggregative i.

взве́шенный и.   weighted i.

идеа́льный и.   ideal i.

и. за́нятости   i. of activity

и. за́работной пла́ты   wage i.

и. затра́т труда́   i. of labor requirements

и. корреля́ции   correlation i.

и. Ласпе́йрса (Ласпэ́ра)   Laspeyres' i.

и. опто́вых цен   wholesale price i.

и. Пааше   Paasche's i.

и. переме́нного соста́ва   i. number with changed weights

и. постоя́нного соста́ва   i. number with constant weights

и. преци́зии precision i.

и. производи́тельности труда́ productivity i.

и. промы́шленной де́ятельности i. of industrial activity

и. рассе́яния i. of dispersion

и. реа́льного дохо́да real income i.

и. реа́льной за́работной пла́ты real wage i.

и. ро́зничных цен retail price i.

и. с попра́вками adjusted i.

и. с попра́вкой на у́ровень trend-adjusted i.

и. с постоя́нным ба́зовым пери́одом fixed base i.

и. соотве́тствия i. of conformity

и. сто́имости i. of value

и. сто́имости жи́зни cost of living i.

и. структу́ры i. of shift in proportions

и. физи́ческого объёма i. of actual volume

и. фикси́рованного соста́ва i. number with fixed weights

и. цен price i.

и. цен на потреби́тельские това́ры consumer price i.

парите́тный и. parity i.

распростране́ние и́.-ов преци́зий propagation of precision indexes

сгла́женный и. rectified i. number

составно́й и. aggregate i.

цепно́й и. chain i.

индекса́тор, m. compiler of an index

индиви́дуум (индиви́д), m. individual

инспе́кция, f. inspection

вы́борочная и. sampling i.

инстру́кция для заполне́ния instruction for filling in

инстру́кция контро́ля control logbook

интегра́л вероя́тности оши́бки error function

интегра́л оши́бок error integral, error function

интенси́вность, f. intensity

и. нагру́зки traffic i.

интерва́л, m. interval

длина́ и.-а группиро́вки class length

довери́тельный и. confidence i.

допусти́мый и. измене́ния ка́чества acceptable quality range

и. группиро́вки class i.

и. ме́жду довери́тельными грани́цами confidence interval; error band

и. неизме́нности non-change i.

нецентра́льный довери́тельный и. non-central confidence i.

предположи́тельный и. prediction i.

середи́на и.-а группиро́вки midpoint of the class, class mark

интерва́льная оце́нка interval estimation

интеркварт∕и́льн∕ая широта́(-ый разма́х) interquartile range

интерполя́ция, f. interpolation

инфля́ция, f. inflation

информа́ци∕я, f. information

блок и.-и message, i. block

дополни́тельная и. ancillary i., supplementary i.

и. ме́жду бло́ками interblock i.

и. по Фи́шеру Fisher information, intrinsic accuracy

и. содержа́щаяся в раздраже́нии stimulus i.

исто́чник и.-и i. source

коли́чество и.-и quantity of i.

ма́трица и.-и i. matrix

накопле́ние и.-и accumulation of i.

приро́ст и.-и i. gain

ипоте́ка, f. mortgage, hypothec

искаже́ние, n. distortion, deformation, bias

    преднаме́ренное и. deliberate distortion

исключе́ние, n. exclusion, exception, elimination

иску́сственный, adj. artificial

исполне́ние усло́вий для редуци́рованного вы́борочного контро́ля eligibility for reduced testing

испо́льзование, n. use, utilization

исправи́мый, adj. corrigible, rectifiable

исправле́ние, n. correction, adjustment

    и. двойно́й оши́бки double error c.

испра́вленный, adj. corrected

испра́вный, adj. in good repair

испыта́ние, n. trial, test, experiment, inspection (see also **опыт, экспери́мент**)

    и. долгове́чности life test

    и. на срок слу́жбы life test

    незави́симое и. independent trial

    разруши́тельное и. destroying test; destructive trial

    укоро́ченное и. curtailed i.

испыта́тельн/ый, adj. trial, experimental

    и.-ая пе́репись t. census

    и.-ое наблюде́ние exploratory survey, pilot study

испыту́емый, adj. experimental, subject to experiment, to be tested

иссле́довани/е, n. investigation, research, inquiry

    и. опера́ций operations r.

    обыкнове́нное и. usual i.; normal inspection

пла́ны вы́борочных и.-й designs of sampling investigations

и́стинность, f. truth

и́стинн/ый, adj. true, correct, real

    и.-ая корреля́ция t. correlation

    и.-ое сре́днее значе́ние t. mean

истолкова́ние, n. interpretation, explanation

исто́чник, m. source, origin

    и. дохо́да s. of income

    и. информа́ции information s.

    и. оши́бок s. of errors

    и. случа́йных чи́сел sampling machine

исхо́д, m. imputation; result, outcome

    благоприя́тный и. favorable o., success

    неблагоприя́тный и. unfavorable o., failure

исхо́дн/ый, adj. initial, original

    и.-ая зада́ча primal problem, initial problem

исчисле́ние (вероя́тностей), n. calculus (of probabilities)

исчи́сленн/ый, adj. calculated

    и.-ое населе́ние c. population

ито́г, m. sum, total, result

    о́бщий и. grand total

    подводи́ть и., v. to reckon, sum up

    ча́стный и. subtotal

итого́, adv. in all, altogether

ито́гов/ый, adj. summarizing, total, concluding

    и.-ые да́нные s. data

    и. показа́тель t. index, t. score

ка́жущ/ийся, adj. seeming, apparent; spurious

к.-аяся периоди́чность seeming periodicity

кали́бр, m. gauge, caliber

двупреде́льный к. go-and-not-go g.

ка́лька, f. tracing paper

калькуля́ция, f. calculation; costing

кана́л, m. channel

входна́я ско́рость к.-а с. input rate

двои́чный симметри́чный к. binary symmetric c.

двухпутево́й к. свя́зи two-way communication c.

дискре́тный к. discrete c.

к. без па́мяти memoryless c.

к. без поте́рь lossless c.

к. информа́ции information c.

к. корре́кции correction c.

к. обра́тной свя́зи feedback c.

к. с коне́чной па́мятью c. with finite memory

к. с поме́хами noisy c.

к. с шу́мом noisy c.

к. свя́зи communication c.

многопутево́й к. multipath c.

незаде́ржанный к. undelayed c.

рассе́ивающий к. dispersive c.

расши́ренный к. extended c.

стира́ющий к. erasure c.

шумово́й к. noisy c.

капита́л, m. capital

ка́рта, f. chart; map

к. кумуляти́вных сумм cumulative sum c.

контро́льная к. control c.

контро́льная к. для индивидуа́льных значе́ний control c. for individual values

контро́льная к. до́ли дефе́ктности control c. for proportion of defectives

карти́на, f. picture, pattern

к. изме́нчивости pattern of variability

картогра́мма, f. cartogram

кауза́льный, adj. causal, causative (see причи́нный)

ка́чественн/ый, adj. quality

к. контро́ль q. control

к. при́знак q. criterion, q. characteristic

к. ряд q. series

ка́чество, n. quality, attribute

входно́е к. incoming q.

выходно́е к. outgoing q.

преде́льное сре́днее выходно́е к. average outgoing q. limit

сре́днее выходно́е к. average outgoing q.

квадра́т, m. square

гре́ко-лати́нский к. Graeco-Latin s.

к. сме́шанной корреля́ции coefficient of determination

к. Юде́на Youden s.

лати́нский к. Latin s.

квадрати́ческ/ий, adj. square, quadratic

к.-ая сре́дняя q. mean

квадрати́чн/ый, adj. square, quadratic

к.-ая оце́нка q. estimate

квадра́тный, adj. square, quadratic

ква́зи-, prefix quasi-, semi-

к.-моме́нт q.-moment

к.-разма́х s.-range

кванти́ль, m. (sometimes f.) quantile; fractile

ни́жний и ве́рхний к. lower and upper q.

кварта́льн/ый, adj. quarterly

кварти́ль, m. (sometimes f.) quartile

кварти́льное отклоне́ние quartile deviation

кво́та, f. quota

получе́ние за́данных квот q. fulfillment

киберне́тика, f. cybernetics

ки́па, f. pile, stack

кла́вишная вычисли́тельная маши́на keyboard computer

класс, m. class

по́лный к. complete c.

классифика́ци/я, f. classification, array

двуме́рная к. two-way a.

двухсторо́нняя к. two-way c.

к. по не́скольким при́знакам manifold c.

к. по одному́ при́знаку one-way c.

маргина́льная к. marginal c.

ме́тоды к.-и discriminating analysis

одновидо́вая к. one-way c.

оши́бочная к. misclassification

кла́ссовый интерва́л class interval

кле́тка, f. cell

клие́нт, m. client, customer

ключ, m. key; source; legend (of a chart, map, etc.)

ковариацио́нный, adj. covariant, covariance

к. ана́лиз covariance analysis

covariáция, f. covariance, covariation

к. с запа́здыванием аргуме́нта lag c.

ча́стная к. partial c.

кограду́ирование, n. cograduation

код, m. code

безызбы́точный к. c. without redundancy

бина́рный к. binary c.

временно́й к. timing c.

группово́й к. group c.

дво́ичный к. binary c.

к. без запято́й comma-free c.

к. корректи́рующий сосе́дние оши́бки adjacent-error correcting c.

к. объёма N c. of length N

к. с исправле́нием не́скольких оши́бок c. with multiple-error correction

к. с исправле́нием оши́бок error-correcting c.

к. с исправле́нием па́чек оши́бок burst-correcting c.

к. с минима́льной избы́точностью minimum redundance c.

к. с обнаруже́нием оши́бок error-detecting c.

к. с прове́ркой на соотве́тствие parity check symbol c.

корректи́рующий к. error-correcting c.

небина́рный к. non-binary c.

опознава́тельный к. authentication c., identity c.

пло́тно упако́ванный к. close-packed c.

самокорректи́рующийся к. self-correcting c.

сигна́льный к. signal c.

системати́ческий к. systematic c.

случа́йный к. random c.

стира́ющий к. erasive c.

r-на́рный к. r-nary c.

эконо́мность к.-а efficiency of a code

коди́рован/ие, n. coding

алфави́тное к. alphabetic c.

си́льное обраще́ние теоре́мы к.-ия strong converse of a c. theorem

коди́ровать, v. to code

ко́дов/ый, adj. coded

к.-ая гру́ппа c. group, c. word

колебáн/ие, n.   oscillation, vibration, fluctuation

  к. прúзнака   o. of characteristic

  сезóнные к.-ия   seasonal f.'s

  циклúческие к.-ия   cyclical f.'s

колéблемость, f.   variation, variability

  межклáссовая к.   between-class variation

колúчественн/ый, adj.   quantitative, numerical

  к.-ая группирóвка   q. grouping

  к.-ая оцéнка   q. estimate

  к.-ая пропóрция   q. proportion

  к.-ые úндексы   q. indexes

  к. контрóль   q. control

  к. прúзнак   q. criterion; q. characteristic

  к. ряд   quantity series

колúчество, n.   quantity, size, amount, number

  допустúмое к. дефéктных издéлий   tolerance n. of defects

  к. информáции   q. of information, precision of information

  критúческое к.   rejection n.

коллектúв, m.   collective

колóда, f.   pack (of cards), deck

колоколообрáзная кривáя   bell-shaped curve

колóнка, f.   column; core sample

комбинатóрика, f.   theory of combinations; combinations

комбинатóрный, adj.   combinatorial

комбинáция фáкторов   combination of factors

коммунáльная статúстика   communal statistics

комплéкс, m.   complex, set, system

комплектовáние, n.   formation, consolidation

композúция, f.   composition, convolution

  к. распределéний   convolution of distributions

компонéнт (компонéнт/а), m. (f.)   component

  вклáды компонéнт   c. scores

  к. взаимодéйствия   interaction c.

  к. диспéрсии   c. of variance

  к. ошúбки   error c.

  основнúе к.-ы   principal c.'s

  скачкообрáзная к.-а   transition c. (in an equation of a process)

компонúрование, n.   compounding

конéц, m.   end, tail

конечнозавúсимый, adj.   finitely dependent

конечномéрный, adj.   finite dimensional

конéчный, adj.   finite

конечнорáнговый, adj.   of finite rank

конкретизáция, f.   concrete definition, specification

конкурúрующий, adj.   competing, alternative, rival

контингéнция, f.   contingency

контролúровать(-ся), v.   to check (to be checked)

контрóл/ь, m.   control, inspection; sampling

  вúборочный к.   s. inspection

  вúборочный к. по кáчественному прúзнаку   s. by attributes

  вúборочный к. по колúчественному прúзнаку   s. by variables

  вúборочный приёмочный к.   acceptance s.

  жёсткий к.   tightened i.

  инстрýкция к.-я   c. log-book

  к. кáчества   quality i., quality c.

  к. продýкции   product c.

  к. цен   price c.

  летýчий к.   patrol i.

  облегчённый к.   reduced i.

обострённый вы́борочный к.
tightened s.

план к.-я   s. plan

повто́рный к.   check i., reinspection

пошту́чный к.   item by item s.

приёмочный вы́борочный к.   acceptance s.

приёмочный к.   acceptance i., acceptance testing

приёмочный статисти́ческий к.
acceptance s.

програ́мма к.-я   с. program

редуци́рованный вы́борочный к.   reduced s.

сокращённый к.   reduced i., shortened investigation

статисти́ческий к.   statistical c.

теку́щий к.   process c., continuous c.

у́ровень к.-я   i. level

контро́льн/ый, adj.   control

к.-ая ка́рта   c. chart

к.-ая ка́рта для индивидуа́льных значе́ний   c. chart for individual program

к.-ая ка́рта до́ли дефе́ктности   c. chart for proportion of defectives

к.-ые преде́лы   c. limits

контрприме́р, m.   counterexample

конфлюэ́нтный (конфлюе́нтный), adj.
confluent, confluence

к. ана́лиз   confluence analysis

концева́я то́чка   end point

координа́тные о́си   coordinate axes

координа́ты, f. (pl.)   coordinates

копи́рование, n.   tracing, copying

ко́рень, m.   root, radix

корзи́нка, f.   basket

продукто́вая к.   quantum b.

корректиро́вка, f.   correction, adjustment

корре́кция, f.   correction

коррелогра́мма, f.   correlogram

корреля́та, f.   correlate

корреля́тор, m.   correlator

корреляцио́нн/ый, adj.   correlative, correlation

к.-ая табли́ца   correlation table

к.-ая фу́нкция   correlation function

к.-ое отноше́ние   correlation ratio

к.-ое уравне́ние   equation of correlation

корреля́ци/я, f.   correlation

ве́кторный коэффицие́нт к.-и   vector c. coefficient

изоге́нная к.   isogenous c.

иллюзо́рная к.   illusory c.

кано́ническая к.   canonical c.

квадра́т сме́шанной к.-и   coefficient of determination

к. по сме́шанным моме́нтам   product moment c.

криволине́йная к.   curvilinear c.

кругова́я к.   circular c.

ло́жная к.   spurious c.

мно́жественная к.   multiple c.

мно́жественная нелине́йная к.   multiple nonlinear c.

нелине́йная к.   nonlinear c.

отрица́тельная к.   negative c., antithetical c., inverse c.

по́лная к.   total c.

положи́тельная к.   direct c., positive c.

поря́дковая к.   rank c., serial c.

прямолине́йная к.   linear c.; perfect c.

ра́нговая к.   grade c., rank c.

сво́дная к.   multiple c.

сво́дный коэффицие́нт к.-и   multiple c. coefficient

сериа́льный коэффицие́нт к.-и   serial c. coefficient

сери́йная к.   serial c.

следова́я к.   trace c.

сме́шанный коэффицие́нт к.-и c. of alienation

схоласти́ческая к. spurious c.

твёрдая к. rigid c.

упру́гая к. elastic c.

ча́стная к. partial c.

чи́стая к. pure c.

косо́й, adj. oblique, asymmetric, skew

ко́сость, f. obliqueness, asymmetry, skewness

кость, f. die

пра́вильная к. balanced d.

котиро́вка, f. quotation

коэффицие́нт, m. coefficient

ве́кторный к. корреля́ции vector correlation c.

канони́ческий к. корреля́ции canonical correlation c.

к. асимметри́и c. of skewness

к. ассоциа́ции c. of association

к. вариа́ции c. of variation

к. воспроизво́дства (проду́кции) reproduction rate

к. дове́рия confidence c.

к. изме́нчивости c. of variation

к. корреля́ции correlation c.

к. корреля́ции ра́нгов Ке́нделла Kendall's c. of rank correlation

к. переко́са c. of skewness

к. перемеще́ния lag c.

к. пересчёта conversion c.

к. разбро́са scatter c.

к. разви́тия c. of development

к. расхожде́ния c. of divergence

к. регре́ссии regression c.

к. случа́йности c. of contingency

к. сме́ртности death rate

к. сме́ртных слу́чаев case fatality rate

к. сопряжённости c. of contingency

к. Спи́рмана Spearman's c.

к. эксце́сса c. of excess

к. эффекти́вности efficiency factor

мно́жественный к. корреля́ции multiple correlation c.

парциа́льный к. корреля́ции partial correlation c.

по́лный к. корреля́ции total correlation c.

просто́й к. корреля́ции simple correlation c.

сво́дный к. корреля́ции multiple correlation c.

сериа́льный к. корреля́ции serial correlation c.

ча́стный к. корреля́ции partial correlation c.

ча́стный к. регре́ссии partial regression c.

край, m. edge, border, tail

кра́йн/ий, adj. extreme

к. член e. member, e. value

сре́дний из к.-их mid-range

кра́тность, f. multiplicity

кра́тный, adj. multiple

p-кра́тный p-fold

крах, m. bankruptcy

крива́я, f. curve

анорма́льная к. abnormal c.

выра́внивающая к. fitted c.

колоколообра́зная к. bell-shaped c.

к. восстановле́ния recovery characteristic c.

к. Га́усса Gauss c.

к. Ло́ренца Lorenz c.

к. мо́щности power c.

к. операти́вной характери́стики operation characteristic (O.C.) c.

к. норма́льного распределе́ния normal probability c.

к. Пи́рсона Pearson's c.

к. пло́тности density c.

к. рабо́чей характери́стики operating characteristic (O.C.) c.

к. ра́вных вероя́тностей equiprobability c.

к. распределе́ния distribution c., frequency c.

к. регре́ссии regression c.

к. ро́ста growth c.

кумуляти́вная к. cumulative c.

логисти́ческая к. logistic c.

норма́льная к. оши́бок normal c. of errors

поло́гая к. flattened c.

пункти́рная к. dashed (dotted) line

сгла́живающая к. fitted c.

ступе́нчатая к. step c.

унимода́льная к. unimodal c.

криволине́йный, adj. curvilinear

крите́ри/й, m. criterion, test (see тест)

двусторо́нний к. two-sided t.

двусторо́нний ограни́ченный к. double-tailed t.

дисперсио́нный к. variance t.

зна́ковый к. sign t.

к. Ба́ртлетта Bartlett t.

к. Ва́льда-Во́льфовича (Во́льфовица) Wald-Wolfowitz t.

к. Бе́ренса-Фи́шера Behrens-Fisher t.

к. дисперсио́нного отноше́ния variance ratio t.

к. достове́рности (отли́чия) t. of significance

к. зна́ков sign t.

к. значи́мости t. of significance

к. Колмого́рова Kolmogorov t.

к. Кохре́на Cochran t.

к. Краме́ра-фон Ми́зеса Cramér-von Mises t.

к. Манн-Уитнэ́й Mann-Whitney t.

к. незави́симости t. of independence

к. норма́льности t. of normality

к. обрати́мости и́ндекса reversal t.

к. однору́дности t. of homogeneity

к. осно́ванный на двойно́й вы́борке two-sample t.

к. отклоне́ния t. for departure

к. переры́вов gap t.

к. пермута́ций permutation t.

к. приёмки acceptance testing

к. прове́рки t. (of verification)

к. прове́рки случа́йности t. for randomness

к. продолжи́тельности жи́зни life t.

к. с повторе́ниями replicated t.

к. скольже́ния slippage t.

к. случа́йности t. for randomness

к. смеще́ния t. of location, slippage t.

к. Смирно́ва Smirnov t.

к. согла́сия t. of goodness-of-fit

к. среднеквадрати́чной оши́бки (root) mean-square c.

к. Стью́дента Student t.

к. суще́ственности t. of significance

к. сфери́чности sphericity c.

к. Фи́шера-И́зйтса Fisher-Yates t.

к. хи-квадра́т chi-square t.

лока́льный наибо́лее мо́щный к. locally most powerful t.

наибо́лее мо́щный к. most powerful t.

незави́симые к.-и independent t.'s

непараметри́ческий к. nonparametric t.

несмещённый к. unbiased t.

односторо́нний к. one-sided t.

операти́вная характери́стика к.-я operating characteristic (O.C.) of a t.

оптима́льный к. optimal t., optimum t.

после́довательный к. sequential t.

после́довательный к. отноше́ния вероя́тностей sequential probability ratio t.

приёмочный к.   acceptance t.

равномéрно наибóлее мóщный к.   uniformly most powerful t.

рáнговый порядковый к.   rank order t.

сáмый мóщный к.   most powerful t.

сериáльный к.   serial t.

симметрúчно ограниченный к.   equal-tails t.

симметрúчный к.   symmetrical t.

крúтика, f.   critical curve; criticism

критúческ/ий, adj.   critical

   к.-ая лúния   rejection line

   к.-ая óбласть   critical region, rejection region

   к.-ое колúчество   rejection number

крóмка (кáрты), f.   edge (of a card)

круг, m.   circle

   единúчный к.   unit c.

круговáя диагрáмма   circular chart

крутизнá, f.   curvature

крутóй, adj.   steep

крýтость, f.   kurtosis, excess, peakedness

кумулúрование, n.   cumulative arrangement

кумулúровать, v.   to cumulate

   к. в восходящем порядке   to c. upward

   к. в нисходящем порядке   to c. downward

   к. вверх   to c. upward

   к. вниз   to c. downward

   к. от нúжнего предéла   to c. from lowest

кумулянтный, adj.   cumulant

кумулята, f.   cumulative curve

кумулятúвн/ый, adj.   cumulative

   к.-ая кривáя распределéния   c. frequency curve

   к.-ое распределéние   c. distribution

   к. ряд   c. series

курс, m.   course; rate of exchange

куртóзис, m.   kurtosis

Л

лабирúнт, m.   maze, labyrinth

лаг, m.   lag (see also задéржка)

латúнский, adj.   Latin

   л. квадрáт   L. square

лебéгова мéра   Lebesgue measure

левосторóнний, adj.   left sided, left handed

лéнточная диагрáмма   band chart

лúбо, conj.   either, or

лимúтная стóимость   bench-mark, limit price

лимúтная ценá   limit price, guiding price

линéйность, f.   linearity

линéйн/ый, adj.   linear

   л.-ая диагрáмма   line diagram

   л.-ая корреляция   l. correlation

   л.-ая модéль   l. model

   л.-ая регрéссия   l. regression

   л.-ая связь   l. connection, l. relationship

   л.-ая тендéнция   l. trend

   л.-ая фýнкция   l. function

   л. ýровень   l. trend

лúни/я, f.   line, limit, general direction

   контрóльная л.   control limit, control l.

   критúческая л.   rejection l.

л. приёмки   acceptance boundary, acceptance l.

л. расхо́дов   cost l.

л. регре́ссии   regression l.

л. тре́нда   trend l.

л. у́ровня   trend l.

пото́чные л.-и   production l.'s

предупреди́тельная л.   warning limit

пункти́рная л.   broken line, dashed l., dotted l.

сре́дняя л.   median

литерату́рные ссы́лки   references

лицо́, n.   person

лишён (-ный), adj.   devoid, without, deprived of

не лишён дове́рия   not without confidence (cannot be rejected)

логари́фм, m.   logarithm

логарифми́ческ/ий, adj.   logarithmic

л.-ая крива́я   l. curve

л.-ая лине́йка   slide rule

л.-ая трансформа́ция   l. transformation

логарифми́ческо-вероя́тностная бума́га   logarithmic probability paper

логисти́ческая крива́я   logistic curve

логнорма́льный, adj.   lognormal

ло́жный, adj.   false, spurious

лока́льный, adj.   local

ло́манная, f.   polygonal line, broken line

M

максима́льный, adj.   maximal

максими́н, m.   maximin

ма́ксимум, m.   maximum

обеспе́чить м. i.   to maximize

ма́лая, f.   small quantity

ма́лая вы́борка   small sample

ма́ленький (ма́лый), adj.   small, little

маловероя́тный, adj.   improbable, unlikely

малоприго́дный, adj.   of little use

маргина́льный, adj.   marginal

Ма́рков, m.   Markov

дискре́тные це́пи М.-а   discrete M. chains

це́пи М.-а   M. chains

ма́рковость, f.   Markov property, M. behavior

ма́рковск/ий, adj.   Markov, Markovian

м.-ая маши́на   M. machine

м.-ое сво́йство   M. property

м. проце́сс   M. process

мартинга́л, m.   martingale

м.-проце́сс   m.-process

маршру́т, m.   route, routing, itinerary

ма́ссов/ый, adj.   mass

м.-ое обслу́живание   queueing, lit. m. service

м.-ое обслу́живание с преиму́ществами   priority queueing

м.-ое явле́ние   m. phenomenon

м. проду́кт   bulk product, m. product

масть, f.   suit (in cards)

масшта́б, m.   scale, degree, measure

изменя́ть м.   to change s.

м. вероя́тности   probability s.

приводи́ть к м.-у   to bring to s.

масштаби́рование, n.   scaling

масшта́бный, adj.   scale, scaled

м. мно́житель   s. factor

м. пара́метр   s. parameter

математи́ческ/ий, adj. mathematical
  м.-ая биоло́гия biomathematics
  м.-ая стати́стика m. statistics
  м.-ое ожида́ние expected value, m. expectation

ма́трица, f. matrix
  дисперсио́нная м. dispersion m.
  ковариацио́нная м. covariance m., dispersion m.
  м. вторы́х моме́нтов covariance m.
  м. информа́ции information m.
  м. инциде́нций incidence m.
  м. ковариа́ций covariance m.
  м. отме́ток score m.
  м. отме́ток по те́стовым вопро́сам item score m.
  м. перехо́да transition m.
  м. фа́кторных коэффицие́нтов factor m.
  платёжная м. payoff m.
  регрессио́нная м. regression m.
  сопряжённая м. conjugate m.

маши́на, f. machine, mechanism
  вычисли́тельная м. computing machine, computer
  кла́вишная вычисли́тельная м. keyboard computer
  счётная м. calculating machine, calculator

медиа́на, f. median

ме́дленно-реаги́рующая систе́ма low-pass system

межгруппова́я диспе́рсия variance between groups, external variance

ме́жду бло́ками interblock

ме́жду кла́ссами interclass

междубло́чный, adj. interblock

междунаро́дн/ый, adj. international
  м.-ая классифика́ция i. classification
  м.-ая стати́стика i. statistics
  м.-ые да́нные i. data
  М. Статисти́ческий Институ́т

(МСИ) I. Statistical Institute (ISI)

межкла́ссовая коле́блемость between-class variation

межотраслева́я зада́ча inter-industry problem

межстади́йный, adj. interstage

межстроево́й, adj. between arrays

меньшинство́, n. minority

меня́ющий(ся), adj. changing, varying

ме́ра, f. measure, degree
  вероя́тностная м. probability m.
  инвариа́нтная м. invariant m.
  лебе́гова м. Lebesgue m.
  ма́рковская м. Markov m.
  м. без предвосхище́ния m. without anticipation
  м. защи́ты protection
  м. изме́нчивости m. of variation
  м. концентра́ции m. of concentration
  м. незави́симости d. (or m.) of independence
  м. расположе́ния m. of location
  м. ско́рости speed m.
  м. центра́льной тенде́нции m. of central tendency
  убива́ющая м. killing m.

мери́ло, n. standard, measure, criterion

ме́стный, adj. local

ме́сто, n. place, spot
  име́ет м., i. holds, takes place
  м. назначе́ния destination

местоположе́ние, n. location, position site

ме́сяц, m. month

ме́сячный, adj. monthly

ме́тка, f. score, mark

ме́тод, m. method, procedure (see also спо́соб)
  м. быстре́йшего спу́ска m. of steepest descent

м. ма́ксимума правдоподо́бия maximum likelihood m.

м. моме́нтов   m. of moments

м. наиме́ньших квадра́тов least square m.

м. (наи)скоре́йшего подъёма m. of steepest ascent

м. оста́тка residual m.

м. перева́ла saddle point m., m. of steepest descent

м. после́довательного улучше́ния пла́на simplex m.

м. построе́ния design m.

м. проб и оши́бок trial and error m.

м. про́бных вы́борок model sampling

м. репрезентати́вной вы́борки representative m. of sampling

м. свобо́дный от распределе́ния distribution-free m.

м. скоре́йшего спу́ска m. of steepest descent

м. случа́йного отбо́ра sampling plan

м. ярлыко́в tagging m. (in sequential sampling)

м.-ы классифика́ции discriminatory analysis

си́мплексный м. simplex computational procedure, simplex m.

табли́чный м. tabular procedure

мето́дика, f. procedure, methods

метри́ческий, adj. metric

меха́ника случа́йного statistical mechanics

механи́ческий вы́бор mechanical sampling

мигра́ция, f. migration, migratory movement

миллиа́рд, num. thousand million, billion

миллиа́рдный, adj. billionth

миллио́н, num. million

миллио́нный, adj. millionth

минима́кс, m. minimax

м. поте́рь m. loss

при́нцип м.-а m. principle

теоре́ма о м.-е m. theorem

минима́ксная оце́нка minimax estimate

минима́льн/ый, adj. minimal, minimum

м.-ая доста́точная стати́стика m. sufficient statistics

м.-ая реша́ющая фу́нкция m. decision function

м. по́лный класс m. complete class

ми́нимум, m. minimum

обеспе́чить м., i. to minimize

мне́ние, n. opinion

мно́го, adv. much, many, multi-, poly-

многоме́рн/ый, adj. multidimensional; multivariate

м.-ая реша́ющая процеду́ра multiple-decision procedure

м.-ая табли́ца сопражённости при́знаков multifactor contingency table

м.-ое распределе́ние multivariate distribution

м. ана́лиз multivariate analysis

многомода́льный, adj. multimodal

многопереме́нный, adj. multivariate (see also многомерный)

многоразме́рный, adj. multidimensional

многоступе́нчатый вы́бор multistage (multilevel) sampling

многоуго́льник, m. polygon

многофа́зный вы́бор multiphase sampling

многоходова́я игра́ multimove game

многоша́говый, adj. multistage

мно́жественн/ый, adj. multiple, plural

коэффицие́нт м.-ой корреля́ции (м. коэффицие́нт корреля́ции) coefficient of m. correlation м.-ая ргере́ссия   m. regression

м. ана́лиз   multivariate analysis

мно́жеств/о, n.   set, aggregate, ensemble, collection

за́мкнутое м.   closed s.

м. элемента́рных собы́тий   s. of elementary events, fundamental probability s.

ограни́ченное м.   bounded s.

основно́е м.   fundamental s.

откры́тое м.   open s.

отображе́ние м.-а   mapping of a s.

пло́тное м.   dense s.

ра́венство м.-а   s. equation

равномо́щность мно́жеств   equivalence of s.'s

расширя́ющее мно́жество   enlarging (ed) s.

свя́зное м.   connected s.

соверше́нное м.   perfect s.

счётное м.   denumerable s.

тео́рия мно́жеств   theory of s.'s

мо́да, f.   mode; fashion

мода́льность, f.   modality

мода́льн/ый, adj.   modal

м.-ая гру́ппа   m. group

м. класс   m. class

модели́рование, n.   simulation, analogue

моде́ль, f.   model, pattern

м. регре́ссии   regression m.

случа́йная м.   chance p.

стохасти́ческая м.   stochastic m.

урнова́я м.   urn m.

модифика́ция, f.   modification

м. сезо́нного хара́ктера   seasonal correction

модифици́рованный, adj.   modified

мо́дуль, m.   absolute value, module

м. то́чности   m. of precision

сре́дний м. сдви́га   mean shear m.

моме́нт, m.   moment, instant

абсолю́тный м.   absolute m.

второ́й сме́шанный м.   covariance m.

группово́й м.   grouped m.

испра́вленный м.   corrected m.

м. без попра́вок на группиро́вку   unadjusted m.

м. восстановле́ния,   i. of renewal

м. обры́ва   i. of cut-off

м. остано́вки   stopping time

м. пе́рвого достиже́ния мно́жества   i. of first reaching the set

м. пе́рвого прикоснове́ния к мно́жеству   i. of first contact with set

м. распределе́ния   m. of a distribution

м. свя́зи   covariance

м.-ы мла́дш/их (-его) поря́дк/ов (-а)   low order m.'s

м.-ы ста́рш/их (-его) поря́дк/ов (-а)   higher order m.'s

нача́льный м.   m. about the origin

непо́лный м.   incomplete m.

нецентра́льный м.   crude m., non-central m.

обобщённый м.   generalized m.

пе́рвый абсолю́тный м.   mean deviation, first absolute m.

производя́щая фу́нкция м.-ов   m. generating function

сме́шанный м.   mixed m., joint m., product m.

сме́шанный м. второ́го поря́дка   covariance

ста́рший м.   higher order m.

факториа́льный м.   factorial m.

центра́льный м.   central m.

моне́т/а, f.   coin

несимметри́чная м.   biased c.

подбра́сывание м.-ы   coin tossing

пра́вильная м.   unbiased c.

монта́ж, m.   assembling, installing

м. табли́цы   compilation of a table, construction of a table

мо́щност/ь (мощ/ь), f. power, strength
   крива́я м.-и p. curve
   м. статисти́ческого крите́рия p. of a statistical test
   м. то́чного крите́рия p. of an exact test
   фу́нкция м.-и p. function

мо́щный, adj. powerful
му́льти-, prefix multi-
мультиколлинеа́рность, f. multicollinearity. (See entry **распределе́ние** for other terms starting with multi-)

H

наблюда́емость, f. observability
наблюде́ни/е, n. observation, survey
   недостаю́щее н. missing o.
   непосре́дственное н. direct o.
   не поддаю́щийся непосре́дственному н.-ю unobservable
   потеря́нное н. lost o., missing o.
   преде́льное н. extreme o.; outlying o.
   прекраща́ть н.-я to stop sampling
   пропа́вшее н. lost o., missing o.
   пропуска́емое н. missing o.
   холосто́е н. dummy o.
наблюдённое значе́ние observed value
набо́р, m. collection, set
набро́сок, m. sketch
наве́рно, adv. probably; certainly
нагру́зка, f. load, traffic
надёжност/ь, f. reliability, safety, confidence
   предсказа́ние н.-и r. prediction
   пробле́ма н.-и r. problem
   фу́нкция н.-и r. function
надзо́р, m. surveillance, supervision
надлежа́ще, adv. appropriately
на́дпись, f. caption, inscription
назначе́ние, n. appointment; fixing; purpose, assignment
наибо́лее, adv. most

наиверо́ятнейшее значе́ние the most probable value
наивы́годнейший, adj. optimal, optimum, most profitable
наилу́чший, adj. the best
наимено́вание, n. name, heading
наиме́ньшие квадра́ты least squares
накладна́я ве́домость bill of lading
накло́н, m. slope, inclination
накло́нный, adj. sloping, inclined
накопле́ние, n. accumulation
   н. информа́ции a. of information
нако́пленная частота́ frequency count, cumulative frequency
нако́пленные да́нные accumulated data; historical data
накры́ть (накрыва́ть), v. to cover
нали́чие, n. presence, availability
нали́чное населе́ние present population
нали́чные де́ньги cash
нало́г, m. tax
наложе́ние, n. superposition, covering
нанесе́ние, n. plotting (data), marking, drawing
нанести́ (наноси́ть) да́нные на диагра́мму to plot data on a chart
нанести́ (наноси́ть) ли́нию на чертёж to plot a line on a graph

направле́ние, n. direction, trend, aspect

напра́сный вы́зов blocking; lost call

народонаселе́ние, n. population

наро́дно-хозя́йственный план plan of the national economy

наруше́ние, n. violation, infraction

населе́ни/е, n. population

  на ду́шу н.-я per capita

  н. в середи́не го́да mid-year p.

  передвиже́ние н.-я migration

наступле́ние, n. occurrence; approach, coming; offensive

  н. собы́тия occurrence of an event

натура́льн/ый, adj. natural

  н.-ая едини́ца измере́ния n. unit of measurement

  н. логари́фм n. logarithm

науга́д at random, by guess

науда́чу at random

находи́ться на расстоя́нии to be apart

нача́ло, n. beginning, origin

  н. отсчёта computing o.

нача́льный, adj. initial, first

  н. моме́нт moment about the origin

неблагоприя́тный, adj. unfavorable, unsuccessful

  н. исхо́д failure, unsuccessful outcome

неблагоприя́тствующий, adj. unfavorable, unsuccessful

невзве́шенн/ый, adj. unweighted

  н.-ая сре́дняя u. average

  н. и́ндекс u. index

невозвра́тный, adj. transient, irreversible

невозмо́жность, f. impossibility

невозмо́жн/ый, adj. impossible

  н.-ое собы́тие i. event

негати́вный, adj. negative

  н. переко́с n. skewness

негау́ссовость, f. absence of Gaussian property

негау́ссовый, adj. non-Gaussian

него́дный, adj. unfit, defective

негруппиро́ванное распределе́ние ungrouped distribution

недискре́тный, adj. non-discrete

недоброка́чественный, adj. of poor quality

недои́мка, f. residue; arrears

недооце́нка, f. underestimation

недопусти́мость, f. inadmissibility

недопусти́мый, adj. inadmissible

недоста́ток, m. insufficiency, lack, shortage; defect

недоста́точный, adj. insufficient, inadequate

недостаю́щий, adj. missing

недостижи́мость, f. inaccessibility

недостове́рность, f. uncertainty, unauthenticity

недочёт, m. defect; shortage

нежела́тельный при́знак demerit

нежёсткий, adj. nonrigid, mild

незавершённый, adj. unfinished, incomplete

незави́симость, f. independence

  стохасти́ческая н. stochastic i.

незави́сим/ый, adj. independent

  н.-ая переме́нная i. variable; predictor

  н.-ое повторе́ние i. repetition

  н.-ые величи́ны i. variables

  н.-ые испыта́ния i. trials

  н.-ые собы́тия i. events

  н.-ые ци́клы disjoint cycles

незави́сящий (от), adj. independent (of)

  н. от пара́метра parameter free

незатуха́ющий, adj. undamped

незначи́мый, adj. insignificant, not significant

неизбе́жный, adj. unavoidable, inevitable

неизме́нный, adj. invariable, fixed, the same

неиспра́вность, f. failure, fault, defect, inaccuracy; disrepair

нека́чественн/ый, adj. defective

н.-ая вы́борка d. sample

некооперати́вн/ый, adj. non-cooperative

н.-ая игра́ n.-c. game

некорректи́рованный, adj. uncorrected

некоррели́рованн/ый (-ость), adj. (f.) uncorrelated (lack of correlation)

нема́рковский, adj. non-Markovian

ненаблюда́емый, adj. unobserved

ненадёжность, f. unreliability

ненаступле́ние, n. non-occurrence, non-appearance

ненорма́льность, f. non-normality

необосно́ванный, adj. groundless, unfounded

необрати́мый, adj. irreversible

необъясни́мый, adj. unexplained, inexplicable

необы́чн/ый, adj. unusual

н.-о большо́е отклоне́ние unusually large deviation

неограни́ченный, adj. unrestricted

неодина́ковый, adj. unidentical, unequal, unlike

неопределённость, f. indefiniteness, uncertainty

непараметри́ческнй, adj. nonparametric

неперекрыва́ющийся, adj. non-overlapping, disjoint

непересека́ющий(ся), adj. disjoint, non-crossing, non-intersecting

неподконтро́льность, f. lack of control

непола́дка, f. failure; disrepair; disturbance; shutdown

непо́лн/ый, adj. incomplete

н.-ая пе́репись i. census

н.-ая фу́нкция бэ́та i. Beta function

н.-ые да́нные i. data, preliminary data

по н.-ым да́нным according to preliminary data

неполуче́ние отве́та non-response

непосре́дственн/ый, adj. immediate, direct, first hand

н.-ое наблюде́ние d. observation

непра́вильная дробь irregular fraction

непра́вильное испо́льзование (стати́стики) abuse (of statistics)

непреднаме́ренно, adv. in an unpredetermined manner, in an unpremeditated manner

неприводи́мый, adj. irreducible

неприня́тие, n. non-acceptance, rejection

непротиворечи́вый, adj. uncontradictable, consistent

нера́венство, n. inequality

н. Краме́ра-Ра́о Cramer-Rao i.

н. Ма́ркова Markov i.

н. Чебышёва (Bienaymé)-Chebyshev i.

нера́вный, adj. unequal

неразложи́мый, adj. indecomposable, non-factorable

нерандомизи́рованный, adj. non-randomized

нераспространи́мость, f. non-extendibility

нерешённ/ый, adj. undecided, unsolved

н.-ые зада́чи open problems, *lit.* unsolved problems

неро́вность, f. irregularity, unevenness

несгруппиро́ванные да́нные ungrouped data

неслуча́йн/ый, adj. non-random

н.-ая причи́на assignable cause

несмеще́нность, f. unbiasedness

н. критéрия u. of a test

несмещённый, adj. unbiased

несовместúмость, f. inconsistence, incompatibility

несовместúмый, adj. incompatible, disjoint

взаúмно н. mutually exclusive

несовпадéние, n. non-coincidence, discrepancy

несоизмерúмый, adj. incommensurable

несостоя́тельность, f. inconsistency, insolvency

н. критéрия inconsistency of a test

неспецифицúрованный, adj. unspecified

несравнúмый, adj. incomparable

нестабúльность, f. instability, spottiness

несущéственн/ый, adj. inessential, incidental

н.-ое состоя́ние inessential state, transient state

н. парáметр incidental parameter

несчáстный слýчай accident

нетерпелúвый (клиéнт), adj. impatient (client, customer)

нетóчность, f. inaccuracy

нéтто, n. net

н. коэффициéнт репродýкции n. reproduction coefficient

неудáча, f. failure

неулучшáемый, adj. unimprovable

неупоря́доченный, adj. unordered

неуравновéшенный, adj. unbalanced

неустóйчивый, adj. unstable, unsteady

нечётный, adj. odd

нигдé не плóтный nowhere dense

нúже, adv. below, lower

н. срéднего b. the average

ничéйный результáт draw, drawn game

ничтóжный, adj. negligible, insignificant

ничья́ f. tie, draw

нóжницы цен price scissors

ноль, num. zero

нóмер, m. number, issue

поря́дковый н. serial n.

номогрáмма, f. nomogram, alignment chart

нормализáция, f. normalization, standardization

нормáль, f. normal, standard

нормáльность, f. normality

нормáльн/ый, adj. normal

н.-ая кривáя ошúбок n. curve of errors

н.-ое отклонéние n. deviation

н.-ое распределéние n. distribution

нормировáть, v. to normalize

нормирóвка, f. normalization

нормирýющий, adj. normalizing

нормит, m. normit

нулев/óй, adj. null, zero

н.-ое срéднее z. mean

нуль, num. zero

нуль-гипóтеза (нульгипóтеза), f. null hypothesis

O

обеспечéние потребúтеля consumer's protection

обеспéчить мáксимум (мúнимум) i. to maximize (minimize)

обзóр, m. survey, abstract, review

óбласть, f. domain, region, area, range of a variable, zone

вы́годнейшая крити́ческая о. optimum critical region

довери́тельная о. confidence region

крити́ческая о. critical region

о. безразли́чия region of indifference

о. отбра́сывания rejection region, zone of preference for rejection

о. отка́за rejection r.

о. отклоне́ния r. of deviation, r. of deflection

о. приёмки acceptance r., zone of preference for acceptance

о. приня́тия acceptance r.

о. притяже́ния d. of attraction

подо́бная о. similar r.

облига́ция, f. bond, debenture

облима́ксный, adj. oblimax

обме́н, m. exchange, interchange

ма́трица о.-а e. matrix

усло́вия о.-а terms of e.

обнаруже́ние, n. detecting, detection, discovery, finding

обнару́жить, v. to detect, discover

обобще́ние, n. generalization

обобщённ/ый, adj. generalized

о.-ая случа́йная величина́ g. random variable

о. сбаланси́рованный план g. balanced design

обозначе́ние, n. notation, designation

обозре́ние, n. survey, review

оболо́чка, f. envelope, hull

оборо́т, m. turnover

обору́дование, n. equipment, outfit

обосно́ванный до́вод sound reason

обрабо́тка, f. handling, treatment, processing,

о. да́нных data h., data p.

числова́я о. numerical t.

образе́ц, m. specimen, model, type, sample

обрати́мый, adj. invertible; reversible

обра́тный, adj. inverse; reverse, opposite

о.-ая величина́ reciprocal

о.-ая связь feedback

о.-ое отноше́ние inverse ratio

о. знак opposite sign, reversed sign

обраще́ние, n. inversion; reversion; conversion, converse; turnover

о. вероя́тности inverse probability

си́льное о. теоре́мы коди́рования strong converse of a coding theorem

обращённый, adj. inverted

обрыва́ющий(-ся) проце́сс cut-off process

обсерва́ция, f. observation (see **наблюде́ние**)

обсле́дование, n. survey, investigation, inspection

вы́борочное о. sample s.

вы́борочное о. совоку́пности ди́ких живо́тных capture-release sampling

о. да́нных s. of data

о. для выявле́ния обще́ственного мне́ния opinion s.

о. населе́ния population s.

предвари́тельное о. pilot s., exploratory s.

протяжённое о. extensive s.

обсле́дуемая неде́ля survey week

обслу́живани/е, n. service; maintenance

вре́мя о.-я s. time

группово́е о. bulk s.; batch departure

(тео́рия) ма́ссового о.-я queueing (theory)

одноканáльная систе́ма ма́ссового о.-я single-server queue

о. без прерыва́ния s. without interruption; head of the line s. (in priority queues)

о. с ожида́нием   delayed s.

о. с прерыва́нием   s. with interruption; preemptive priority s. (in priority queues)

по́лное о.   full s.

прерыва́ние о.-я   s. interruption

обслу́живающее устро́йство   server

обусло́вить, v.   to cause; specify, stipulate

обусло́вленный, adj.   due to, resulting from, stipulated, conditional, dependent on

о́бщ/ий, adj.   general, common, overall, total

    о-ая стати́стика   g. statistics

    о.-ее населе́ние   t. population

    о. и́ндекс цен   g. price index

    о. ито́г   total

    о. у́ровень цен   g. price level

общезначи́мость, f.   general validity

о́бщность, f.   generality

объедине́ние (мно́жеств), n.   union (of sets)

объедин/и́ть (-я́ть), v.   to join, unite, combine, lump

объе́кт экспериме́нта   experimental unit

объём, m.   volume, size, amount

    о. вы́борки   sampling s.

    о. инспе́кции   a. of inspection

    о. па́ртии   lot s.

    основно́й о. вы́борки при обсле́довании   variable radix

    уме́ренный о. вы́борки   moderate sample s.

    физи́ческий о.   actual v.

объясни́мый, adj.   explicable, explained

обы́чный, adj.   usual, common, conventional

обяза́тельный, adj.   obligatory, compulsory

оги́ва, f.   ogive, percentile curve

ограниче́н/ие, n.   limitation, constraint, restriction, cut-back

    двойственные о.-ия   dual constraints

    лине́йное о.   linear constraint

ограни́ченн/ый, adj.   limited, restricted

    о.-ое после́дствие   l. after-effect

оди́н, одна́, одно́, num.   1—one

одина́ковый, adj.   equal, the same, identical

оди́ннадцать, num.   11—eleven

оди́ннадцатый, adj.   11th—eleventh

одино́чный, adj.   single, individual

одна́жды, adv.   singly, once

    о. уре́занный   s. truncated

одновреме́нно, adv.   simultaneously

однозна́чный, adj.   single-valued, unique

одноканá́льная систе́ма ма́ссового обслу́живания   single-server queue

одноме́рный, adj.   one-dimensional, univariate; single

однопараметри́ческий, adj.   one-parameter

однорóдность, f.   homogeneity, uniformity

одноро́дный, adj.   homogeneous, uniform

односторо́нний, adj.   unilateral, one-sided; one way

ожида́ем/ый, adj.   expected

    о.-ая величина́   e. value, mathematical expectation

    о.-ая до́ля дефекти́вных изде́лий   e. fraction of defectives

    о.-ая частота́   e. frequency

ожида́ни/е, n.   expectation, waiting

    вре́мя о.-я   waiting time, delay

    математи́ческое о.   mathematical e., expected value

систе́ма с о.-ем system allowing delay

усло́вное математи́ческое о. conditional mathematical e.

оконча́ние, n. termination

окре́стность, f. environment; neighborhood, vicinity

округле́ние, n. rounding off

округлённый, adj. rounded off

операти́вная характери́стика (крите́рия) operating characteristic [ОС] (of a test)

описа́тельн/ый, adj. descriptive

    о.-ая стати́стика d. statistics

    о.-ые и́ндексы d. indexes

    о. ряд d. series

опо́ра, f. support

опо́рный план basic feasible solution (in linear programming)

оправда́ние, n. justification

оправда́ть, v. to justify

    могу́щий быть опра́вданным justifiable

определе́ние, n. definition, determination; allocation

    о. цен price fixing

определённость, f. determination, definiteness

определённ/ый, adj. specific, definite, well-defined

    о.-ое собы́тие s. event

опрове́ргнуть (опроверга́ть), v. to reject, disprove, contradict, deny

опро́с мне́ний opinion survey

оптима́льн/ый, adj. optimum, optimal

    о.-ая вы́борка optimal selection

    о.-ое размеще́ние вы́борки optimum allocation of the sample

    о. план optimal design; minimum feasible solution (in linear programming)

опто́вые це́ны wholesale prices

опублико́ванные ци́фры published figures

опусте́ние, n. depopulation

опусти́ть (опуска́ть), v. to omit, leave, drop

о́пыт, m. trial, experiment, attempt; experience

о́пытные да́нные experimental data

ордина́рность, f. ordinariness, ordinarity

ордина́рный пото́к ordinary stream

ортогона́льность, f. orthogonality

ортогона́льный строй orthogonal array (Bose's term in experimental design)

осмо́тр, m. survey, inspection, examination

осно́ва, f. foundation, basis

основн/о́й, adj. fundamental, basic, master

    о.-ая табли́ца master table

    о.-ая цена́ base price

    о.-ое отклоне́ние standard deviation

    о.-ые сре́дства fixed assets

    о.-ые черты́ basic features, outline

осо́бенность, f. singularity, peculiarity, particularity.

о́соби, f. (pl.) entities

осо́бый, adj. singular, special, particular

оста́вшийся, adj. residual, remaining, left-over

остано́вк/а, f. stop, stopping

    моме́нт о.-и stopping time

    пра́вило о.-и stopping rule

оста́ток, m. residue, remainder

оста́точн/ый, adj. residual

    о.-ое рассе́яние r. variation

    о. компоне́нт r. component

о́стов, m. frame; spanning set

островерши́нность, f. peakedness, kurtosis

островерши́нный, adj. leptokurtic

осуществи́мость, f. realizability, feasibility

осцилля́ци/я, f. oscillation
годовы́е о.-и annual o.'s
отбо́р, m. selection, screening, sampling (see подбо́р, вы́бор)
  вероя́тность о.-а probability of
    sampling
  есте́ственный о. natural selection
  равновероя́тный о. sampling with
    equal probability
  случа́йный о. random sampling
отбрако́вка, f. rejection (of a lot)
отбра́сывани/е, n. rejection
  о́бласть о.-я r. region
  оши́бка при о.-и truncation
    error
отбро́сить, v. to omit, reject
  отбро́шенные да́нные rejected data,
    truncated data, censored data
отбы́тие, n. departure
отверга́ть (отве́ргнуть), v. to reject
отве́рстие, n. hole, perforation
  пробива́ть о. to punch
отве́т, m. answer, response
  неполуче́ние о.-а non-response
отвлечённый, adj. abstract
отдалённый, adj. outlying, remote;
  separated
отделе́ние, n. screening, isolation,
  separation
  о. дефекти́вных едини́ц screening of
    defectives
отка́з, m. failure, refusal, rejection;
  breakdown
  распределе́ние моме́нта о.-а f. dis-
    tribution
  систе́ма с отка́зами congestion
    system
отказа́ть, v. to refuse, reject
о́тклик, m. response
отклоне́ние, n. deviation, bias, rejection, error, departure
  значи́мое о. significant dev.

квадрати́ческое о. quadratic dev.,
  variance
крити́ческое о. critical dev.
нако́пленное о. accumulated dev.
норма́льное о. normal dev.
о. весо́в weight b.
о. от норма́льности abnormality, departure from normality
о. от норма́льного распределе́ния
  abnormality, disnormality, departure from normal distribution
о. оце́нки e. of estimate
ре́зко выделя́ющееся о. outlying dev.
совпаде́ние отклоне́ний по зна́ку
  concurrent dev.'s
сре́днее о. mean dev.
станда́ртное о. standard dev.
стьюдентизи́рованное о. studentized
  dev.
откры́тая моде́ль open model
отклоня́ть (отклони́ть), v. to reject,
  decline
отклоня́ться (отклони́ться), v. to deviate, diverge
отли́чный от норма́льного non-nor-
  mal
относи́мый за счёт, i. due to
относи́тельн/ый, adj. relative
  о.-ая величина́ r. value, rate, ratio
  о.-ая величина́ интенси́вности in-
    tensity rate
  о.-ая величина́ моме́нтов ratio of
    moments
  о.-ая величина́ распределе́ния dis-
    tribution ratio
  о.-ая величина́ сравне́ния ratio of
    comparison
  о.-ая то́чность r. precision
  о.-ая частота́ r. frequency
  о.-ое число́ rate, ratio
относи́ться (к), v. to relate (to), refer
  (to)

отношéни/е, n.   ratio; relation
вы́борочное о.   sampling ratio
дисперсиóнное о.   dispersion ratio
корреляциóнное о.   correlation ratio
о. правдоподóбия   likelihood ratio
о. попáрных произведéний   cross product ratio
оцéнка (в ви́де) о.-я   ratio estimation
характери́стика статисти́ческих о.-й   adjustment of rates
шкалá о.-й   ratio scale
отображéние, n.   mapping
отражáющий, adj.   reflecting
о. барьéр   r. barrier
отраслевáя стати́стика   statistics of various branches of the economy
óтрасль, f.   branch (usually of the economy or industry); field
отрицáние, n.   negation, rejection
отрицáтельн/ый, adj.   negative
о.-ое биномиáльное распределéние   n. binomial distribution
отсекáть, v.   to cut off
отсекáющая плóскость   cutting plane
отсéчка, f.   cut-off
отставáние, n.   lag
отстáлый, adj.   backward, under-developed
отсýтствие, n.   absence
о. послéдствия   a. of after-effect
отсýтствующее населéние   absent population
отсчёт, m.   reading, reference; computing
начáло о.-а   c. origin
отхóды, m. (pl.)   waste; departures
отчёт, m.   report, account, return
отчётность, f.   reporting, accountability, accounting, rendering of returns
статисти́ческая о.   statistical reporting

отчётный пери́од   period of inquiry, base period
отыскáние, n.   discovery, determination, locating
охвáт, m.   scope; inclusion
охрáна продýкции   salvage
отдéл о. п.   s. board
оценённый, adj.   estimated, evaluated
оцéниваемый, adj.   (being) estimated
оцéнивание, n.   estimation
довери́тельное о.   e. by means of confidence regions
оцéнк/а, f.   estimate, evaluation, value, estimation, estimator, measurability
асимптоти́чески эффекти́вная о.   asymptotically efficient estimate (-or) (-ation)
допусти́мая о.   admissible e.
достáточная о.   sufficient e.
инвариáнтная о.   invariant e.
квадрати́чная о.   quadratic e.
минимáксная о.   minimax e.
наилýчшая асимптоти́чески нормáльная о.   best asymptotic normal e.
неискажённая о.   unbiased e.
несмещённая о.   unbiased e.
несостоя́тельная о.   inconsistent e.
неулучшáемая о.   an e. which cannot be improved
о. максимáльного правдоподóбия   maximum likelihood e.
о. по больши́м вы́боркам   large sample e.
о. по отношéнию   ratio e.
о. по уравнéнию регрéссии   regression e.
о. погрéшности   error estimation
о. свéрху   upper bound e.
о. сни́зу   lower bound e.
о. с наибóльшей эффекти́вностью   most efficient e.

о. с по́мощью поря́дковых стати́-
стик e. based on order statistics;
systematic e.

о. с равноме́рно наилу́чшим ри́ском
uniformly best risk e.

оши́бка о.-и error of e.

по́лная о. overall e.

после́довательная о. sequential e.

регуля́рная о. regular e.

смещённая d. biased e.

совме́стная о. simultaneous e.,
joint e.

совме́стно-доста́точная о. joint sufficient e.

совме́стно-эффекти́вная о. joint efficient e.

совоку́пная о. collective e.

состоя́тельная о. consistent e.

то́чечная о. point e.

улу́чшенная о. improved e.

упрощённая о. simple e.; simplified
e.

эффекти́вная о. efficient e.

оце́ночная фу́нкция estimator

о́черед/ь, f. turn; queue, waiting line

дисципли́на о.-и queueing discipline

длина́ о.-и q. size

тео́рия о.-ей queueing theory, theory
of queues

очи́щенный, adj. net, rectified

о. коэффицие́нт n. rate

о. коэффицие́нт рожда́емости n.
birth rate

очки́, (pl.) scores, spots; glasses

оце́ночная фу́нкция estimator

оши́б/ка, f. error, fallacy (see погреш-
ность)

вероя́тная о. probable e.

вероя́тность о.-ки probability of e.

гру́бая о. gross e., blunder

диспе́рсия о.-ки e. variance

допусти́мая о. admissible e.

интегра́л о.-ок e. integral, e. function

интегра́л вероя́тности о.-ки e. function

кругова́я о. circular e.

ли́чная о. subjective e.; personal
equation

основна́я о. standard e.

о. в оце́нке (о. оце́нки) e. in estimation (of estimation)

о. взве́шивания weight bias

о. вы́борки sampling e.

о. вы́борочного обсле́дования
sampling e.

о. измере́ний e. of measurement

о. классифика́ции misclassification

о. наблюде́ния e. of observation;
ascertainment e.

о. округле́ния round-off e.

о. оце́нки e. of estimator

о. пе́рвого (второ́го) ро́да e. of 1st
(2nd) type

о. приближе́ния approximation e.

о. при отбра́сывании (при уре́зы-
вании) truncation e.

о. репрезентати́вности sampling e.

о. свя́занная с ка́чеством вы́бороч-
ного обсле́дования ascertainment
e.

о. экспериме́нта experimental e.

ощути́мая о. appreciable e.

радиа́льная о. radial e.

распределе́ние о.-ок e. distribution

системати́ческая о. bias e.

случа́йная о. random e.

среднеквадрати́чная о. mean-
square e.

сре́дняя абсолю́тная о. mean-
absolute e.

сре́дняя квадрати́чная о. mean-
square e., mean-square deviation

станда́ртная о. standard e.

суммáрная о. cumulative e.
уменьшéние о.-и reduction e.
экспериментáльная о. experimental e.

оши́бочный, adj. erroneous, mistaken, incorrect
ощути́мый, adj. tangible, appreciable

П

падéние, n. fall, decline, drop
пáмят/ь, f. memory
  без п.-и memoryless
парадóкс Бертрáна Bertrand's paradox
параллéльный перенóс translation
парáметр, m. parameter
  введённый п. present p.
  возрастнóй п. age p.
  значéние п.-а p. value, p. point
  масштáбный п. scale p.
  мешáющий п. nuisance p.
  незави́сящий от п.-а p.-free
  ненýжный п. nuisance p., *lit.* unnecessary p.
  несущéственный п. incidental p.
  п. положéния location p.
  п. разбрóса scale p.
  п. распределéния p. of distribution
  п. шкалы́ scale p.
  предвари́тельно введённый п. present p.
  униформизи́рующий п. uniformizing p.
параметризáция, f. parametrization
параметри́ческий, adj. parametric
пари́, n. bet, *pari*
пáрное сравнéние paired comparison
пáртия, f. party; lot, group, batch; part; game, set
  п. издéлий l. of products, run of (production) items

п.-и по K штук groups of size K
  укрупнённая п. grand l.
парциáльная регрéссия partial regression
пас, m. pass (in cards)
паскáлевый, adj. Pascal, pertaining to Pascal
пасси́вы, m. (pl.) liabilities
перви́чн/ый, adj. primary, initial
  п.-ая вы́борочная едини́ца (п.в.е.) p. sampling unit (p.s.u.)
  п.-ая совокýпность parent universe, parent population
  п. учёт p. accounting
первоистóчник, m. source, primary source, origin
первоначáльн/ый, adj. initial, first, original
  п.-ые дáнные raw data
пéрвый, adj. 1st—first
передáтчик, m. sender, transmitter
передáч/а, f. transmission
  скóрость п.-и t. rate
перекóс, m. skewness
перекрывáющийся, adj. overlapping
перекры́тие, n. overlap
перемéнная, f. variable, argument
  вспомогáтельная п. additional v., auxiliary v.
  канони́ческая п. canonical v.
  искýсственная п. artificial v.
  норми́рованная п. normalized v.

п. величинá variable

скрытая ненаблюдáемая п. latent v.

случáйная п. random v.

сопýтствующая п. concomitant v.

перемéшивание, n. mixing, intermixing

перемещéние, n. displacement; permutation

п. пропóрций shift in proportions

перенаселéние, n. overpopulation

переопределённость, f. over-identification, over-determination

переоцéнка, f. over-estimation; reappraisal

переписнóй лист enumeration form; schedule

пéрепись, f. census, enumeration

п. дáнных survey (of data)

п. населéния population c.

сплошнáя п. full scope c.

переплетéние, n. confounding; interlacing

перепроизвóдство, n. overproduction

перерабóтка, f. rearrangement; processing; analysis; compilation

перераспределéние, n. redistribution

перерасхóд, m. overspending

перерыв, m. gap, interruption, break

пересечéние, n. intersection, crossing

п. снизу вверх upcrossing

п. событий i. of events

пересечённый взвéшенный индекс crossed weighted index

перескóк, m. jump, jump over

пересмóтр, m. revision, review

переставлять, v. to rearrange, interchange

перестанóвка, f. interchange, permutation

п. рядóв disarray

перестрахóвка, f. reinsurance

пересчёт, m. recalculation, conversion

переупорядочивание, n. reordering

перехóд, m. transition, passage

вероятность п.-а t. probability, t. probability function

мáтрица п.-а t. matrix

перехóдный, adj. transient

п.-ое состояние t. state

п. процéсс t. process

пéречень, m. enumeration, list

перечислéние, n. enumeration, listing

перечислительный, adj. enumerative

перечнёвые райóны enumeration districts

перúод, m. period

бáзовый п. reference p.

п. зáнятости busy p.

периóдики (pl.) periodicals

периодическ/ий, adj. periodic(al)

п.-ая пéрепись p. survey

п.-ое колебáние p. fluctuation

п. временнóй ряд p. time series

периодúчность, f. periodicity

периодогрáмма, f. periodogram

перспектúва, f. perspective, outlook

п. развúтия tendency (of development)

перфокáрта, f. punch card

перфорáтор, m. puncher

перфорúрованная кáрта punched card

перцентúль, m. percentile

пúковая нагрýзка peak load

пиктогрáмма, f. pictogram, isotype

пирамúда, f. pyramid

пирсóнов(ский), adj. Pearsonian

плáвный, adj. smooth

план, m. plan, design, scheme

выборочный п. sample p.

выборочный п. послéдовательного типа sequential sampling p.

делúмый на грýппы п. group divisible d.

неполнобло́чный п. incomplete block d.

непо́лный блок-п. incomplete block d.

обощённый сбаланси́рованный п. generalized balanced d.

опо́рный п. basic feasible solution

п. больши́х па́ртий grand lot s.

п. взве́шивания weighting d.

п. вы́борки sampling d.

п. вы́борочного контро́ля sampling inspection d.

п. вы́борочного приёмочного контро́ля sampling acceptance p.

п. вы́борочных иссле́дований d. of sampling investigations

п. двойно́й вы́борки double sampling p.

п. Доджа Dodge's p., continuous inspection p.

п. игры́ plot (of a game)

п. инвариа́нтный относи́тельно враще́ния (второ́го поря́дка) (second order) rotatable d.

п. испыта́ния на надёжность reliability test p.

п. контро́ля sampling p.

п. многостепе́нной вы́борки multistage sampling p.

п. непо́лных бло́ков incomplete block d.

п. обсле́дования survey d.

п. па́рных сравне́ний paired comparison d.

п. пове́рхности о́тклика response surface d.

п. разви́тия development p.

п. с по́лной заме́ной change-over p.

п. с раздроблёнными деля́нками split-plot d.

п. си́мплексных сумм simplex sum d.

п. случа́йного отбо́ра sampling p.

п. экспериме́нта experimental d.

повто́рный п. replicated d.

по́лностью рандомизи́рованный п. completely randomized d.

разреше́ние п.-а resolution of a d.

разреши́мый п. resolvable d.

рандомизи́рованный п. randomized d.

рандомизи́рованный сме́шанный дро́бно-фа́кторный п. randomized combined fractional factorial d.

регуля́рный п. regular p.

решётчатый п. lattice d.

ротатабельный п. rotatable d.

сбаланси́рованный п. balanced p.

сбаланси́рованный неполнобло́чный (непо́лных бло́ков) п. balanced incomplete block d.

системати́ческий п. systematic d.

скрещённый п. cross-over d.

случа́йный части́чно-объединённый факториа́льный п. randomized combined fractional factorial d.

сме́шанный п. combined d.

сопряжённые п.-ы associate d.'s

уси́ленный неполнобло́чный п. reinforced incomplete block d.

факториа́льный п. factorial d.

цикли́ческий п. экспериме́нта cyclical experimental d.

части́чно-объединённый п. combined fractional d.

элеме́нт вы́борочного п.-а plot

плани́рование, n. planning, scheduling, programming

лине́йное п. linear programming

п. произво́дства product s.

п. снабже́ния supply planning

п. экспериме́нтов design of experiment(s)

планиро́вка, f. design, planning

п. о́пыта d. of an experiment

п. эксперимéнтов p. of experiments

плáнов/ый, adj. plan

  п.-ая ценá p. price

  п.-ое задáние p. task

платёж, m. payment

  побóчный п. side payment

платёжная мáтрица payoff matrix

плодорóдие, n. fertility; productivity (see **фертильность**)

плосковерши́нный, adj. platykurtic

плóскость, f. plane

  п. срéдней квадрати́ческой регрéссии mean-square regression p.

плóтност/ь, f. density, frequency

  кривáя п.-и f. curve

  п. вероя́тности probability d.

  п. населéние d. of population

  п. распределéния probability d., d. of distribution, d. function, f. function

  п. распределéния вероя́тностей probability d., d. of probability distribution

  спектрáльная п. spectral d.

  услóвная п. conditional d.

  фу́нкция п.-и d. function, f. function

плóщадь, f. area

  п. ограни́чиваемая нормáльной кривóй normal a. (a. under normal curve)

по вероя́тности in probability

по вы́бору, adv. by choice, optional

по существу́ essentially

побéда, f. win

побóчный, adj. side, auxiliary, collateral

  п. платёж s. payment

поведéние, n. behavior, policy

  п. в слу́чае мáлой вы́борки small sample b.

повéрхность, f. surface

  вероя́тностная п. probability s.

  п. нормáльной корреля́ции normal correlation s.

пóвод, m. pretext, cause, reason, occasion

повозрастнáя рождáемость birth rate by age

поворóт, m. rotation, turn

поворóтная тóчка turning point

повреждéние, n. damage, failure

повторéние, n. repetition, replicate, duplication

повтóрный, adj. repeated, iterated

  п. закáз reorder (of goods)

повтóрность, f. replicate, repetition (property of being replicated)

повторя́емость, f. replication, repetition

повы́шенный, adj. improved, increased, raised, advanced

повышéние, n. rise, increase, increment

поглощéние, n. absorption

погрéшность, f. error, bias (see **оши́бка**)

  вероя́тная п. probable e.

  относи́тельная п. relative e.

  системати́ческая п. systematic e.

  случáйная п. random e.

погружéние, n. imbedding, immersion

под контрóлем under control

подбóр, m. choice, selection; fit (see **отбóр, вы́бор**)

подбрáсывание монéты coin tossing

подвéрженность, f. liability, exposure, subjection

  п. отклонéниям (оши́бкам) fallibility

подвéрженный отклонéниям (оши́бкам) fallible

подви́жность, f. mobility

  п. населéния population m.

подводи́ть (подвести́) итóг, v. to reckon, summarize

подвы́борка, f. subsample

подгото́вка, f. preparation, training

подзаголо́вок, m. subtitle, subheading

подконтро́льное состоя́ние state of statistical control

подма́рковский, adj. submarkovian

подма́трица, f. submatrix

подо́бная зо́на similar region

подозри́тельный, adj. suspected

подо́пытный, adj. subject to an experiment, experimental

подписны́е зна́ки subscripts

подпосле́довательность, f. subsequence

подразделя́ть, v. to subdivide, decompose

подразма́х, m. subrange

подро́бность, f. detail

подро́бные да́нные details, detailed data, particulars

подсу́мма, f. subtotal

подсчёт, m. counting, reckoning, calculation

подсчи́тывать, v. to count, calculate

подтвержде́ние, n. confirmation, affirmation

подхо́д, m. approach

подчинённ/ый, adj. subordinate, obeying

   п.-ая систе́ма мно́жеств s. system of sets

   п.-ая стати́стика ancillary statistic

   п. зако́ну (распределе́ния) o. a (distribution) law

подчиня́ться, v. to obey, be subordinated

подыто́жить, v. to reckon, summarize, sum up

позити́вный, adj. positive

   п. переко́с p. skewness

по́иск, m. screen, search; contrast (in factorial designs)

по́исковое уси́лие search effort

показа́тель, m. exponent; index; value, measure, indicator; statistic

   вы́борочный п. sample statistic

   п. дефе́кта demerit weight

   п. затра́т труда́ на едини́цу проду́кции m. of unit labor requirement

   п. объёма index of volume

   п. пла́на plan number

   п. ско́шенности m. of skewness

   п. це́нтра тенде́нции m. of central tendency

   статисти́ческий п. statistic

   экономи́ческий п. economic indicator

показа́тельн/ый, adj. exponential; significant; demonstrative

   п.-ая вы́борка representative sample

   п.-ая крива́я e. curve

   п.-ая фу́нкция e. function

   п.-ое распределе́ние e. distribution

поки́нуть (покида́ть), v. to leave, abandon

поколе́ни/е, n. generation

   вре́мя одного́ п.-я g. time

покрыва́ть, v. to overlap, cover

покупа́тельная спосо́бность/си́ла purchasing power

по́ле, n. field

   бо́релевское п. собы́тий Borel f. of events

   п. вероя́тностей probability f.

   п. собы́тий f. of events

поле́зн/ый, adj. useful, efficient

   п.-ая страте́гия supporting strategy

поле́зность, f. utility, usefulness

полиго́н, m. polygon

   п. нако́пленных часто́т cumulative frequency p.

   п. распределе́ния distribution p.

   п. частоты́ frequency p., histogram

полике́й, m. polykay

поли́тика, f. politics; policy

полнодосту́пный, adj. fully accessible, fully available

по́лност/но (-ью) информати́вная стати́стика fully informative statistic

по́лност/но (-ью) рандомизи́рованный completely randomized

по́лн/ый, adj. total, full, complete
  п.-ая за́нятость f. employment
  п.-ая оши́бка t. error

положе́ние, n. position, location, situation, state; statement

положи́тельный, adj. positive, favorable

поло́мка, f. breakage

полоса́, f. band, strip, zone

полугодово́й, adj. semi-annual

полугоди́чный, adj. semi-annual

полуинвариа́нт, m. semi-invariant

полулогарифми́ческая се́тка semi-logarithmic ruling

полума́рковский, adj. semi-markovian

полуме́сячный, adj. semi-monthly, fortnightly

полунепреры́вный, adj. semi-continuous

полуразма́х кварти́лей quartile deviation, quartile semi-range

полурегуля́рный (проце́сс), adj. semi-regular (process)

получе́ние за́данных квот quota fulfillment

поме́хи, m. (pl.) noise, interference
  свобо́дный от поме́х noiseless
  случа́йные п. random n.

помехоусто́йчивость, f. noise stability, noise immunity

поме́ченный, adj. marked, dated

поня́тие, n. notion, idea, concept

поодино́чке, adv. one at a time, one by one

поочерёдно, adv. by turns

попада́ние в цель target hit

попа́рно, adv. pairwise
  п. непересека́ющиеся p. disjoint
  п. несовмести́мые (собы́тия) p. mutually exclusive (events)

попа́рные сравне́ния paired comparisons

попо́лненный, adj. supplemented, enlarged, augmented

попра́вк/а, f. correction, adjustment
  и́ндекс с п.-ами adjusted index
  п. Изэ́йтса на непреры́вность Yates's c. for continuity
  п. коне́чной генера́льной совоку́пности finite population c.
  п. на группиро́вку c. for grouping
  п. на кра́йние значе́ния end c.
  п. на непреры́вность c. for continuity
  п. на у́ровень trend a.
  п. Шéппарда Sheppard's c.

попра́вочный коэффицие́нт coefficient of correction, correction factor

популяцио́нный, adj. population, populational

популя́ция, f. population

поро́г, n. threshold, level

порожда́ть, v. to give birth; generate, induce, give rise

поря́дков/ый, adj. order, serial, rank, ranking
  п.-ая корреля́ция rank correlation, s. correlation
  п.-ая стати́стика o. statistic
  п.-ая характери́стика o. statistic
  п. но́мер s. number

поря́док, m. order
  п. внутри́ блока o. within the block
  п. за́нятости busy period
  п. стациона́рности o. of stationarity

произво́льный п. вы́борки random access sampling

уточнённый п. proximate o.

поселе́ние, n. settlement

посеща́емость, f. attendance

последе́йствие, n. contagion; after-effect

после́довательность незави́симых случа́йных одина́ково распределённых величи́н a sequence of independent identically distributed random variables

после́довательность мартинга́л ра́зностей a sequence of martingale-differences

после́довательн/ый, adj. sequential, successive

п.-ая оце́нка sequential estimation (estimate)

п. ана́лиз sequential analysis

п. крите́рий отноше́ния вероя́тностей sequential probability ratio test

после́дстви/е, n. after-effect, consequence, corollary

ограни́ченное п. limited a.-e.

отсу́тствие п.-я absence of an a.-e.

проце́сс с п.-ем process with a.-e.

послео́пытный, adj. post-experimental *a posteriori*

посо́бие, n. aid, manual; pension, financial help

поста́вка, f. supply, delivery

постано́вка (зада́чи), f. formulation, statement (of a problem)

постоя́нн/ый, adj. fixed, constant, standard, steady

п.-ая систе́ма случа́йных причи́н c. system of chance causes

п.-ое населе́ние standard residential population

п. вес standard weight

постоя́нство, n. persistence, consistency

постро́ени/е, n. construction

осуществи́мость п.-я constructibility

п. и́ндексов index construction

поступа́ть, v. to enter; treat; act

поступа́ющий, adj. incoming, entering

поступле́ние, n. arrival, entrance, entry

поте́р/я, f. loss, casualty

фу́нкция п.-ь loss function

поте́рянный, adj. missing, lost

пото́к, m. stream, flow

автомоби́льный п. automobile f., traffic f.

ордина́рный п. ordinary s.

п. вы́зовов s. of calls, s. of demands

п. зая́вок s. of demands, s. of customers

п. тра́нспорта traffic s., traffic f.

п. тре́бований s. of demands, s. of customers

просте́йший п. simple s.

реде́ющий п. rearing (random) f.

те́хника п.-а "flooding" technique

эрла́нговский п. Erlangian s.

пото́мок, m. descendant

пото́чные ли́нии production lines

потреби́тель, m. consumer

потре́бность, f. requirement, need

почти́, adv. almost

п. везде́ a. everywhere

п. все a. all

п. всегда́ a. always

п. (по)всю́ду a. everywhere

п. значи́мый a. significant

п. наве́рно(е) a. surely

поштучный, adj. item by item

поэта́пный, adj. stagewise

появле́ние, n. occurrence, appearance

поясни́тельное примеча́ние   explanatory note

правдоподо́би/е, n.   likelihood; probability

    максима́льное п.   maximum l.

    ма́ксимум п.-я   maximum l.

    наибо́льшее п.   maximum l.

    отноше́ние п.-я   ratio

    п. гипо́тезы   l. of hypothesis

    уравне́ние п.-я   l. equation

правдоподо́бный, adj.   probable, likely, plausible

пра́вил/о, n.   law, rule, procedure

    п.-а контро́ля   r.'s of testing

    п. "ли́бо-ли́бо"   "either-or" r.

    п. трёх сигм   three sigma r.

    п. остано́вки   stopping r.

    реша́ющее п.   decision r., decision p.

    эмпири́ческое п.   r. of thumb, empiric r.

пра́вильная кость   balanced die

пра́вильная моне́та   unbiased coin

правосторо́нний, adj.   right sided, right-hand

превосходи́ть (превзойти́), v.   to exceed, surpass

превосхо́дство, n.   superiority

превыша́ть (превы́сить), v.   to exceed

превыша́ющий, adj.   exceeding

предвари́тельн/ый, adj.   preliminary

    п.-ая фильтра́ция приближа́ющая спектр проце́сса к спе́ктру бе́лого шу́ма   prewhitening operation

    п.-ая оце́нка   p. estimation

    п.-ое обсле́дование   pilot survey

    п. зака́з   reservation

преде́л, m.   limit, bound

    ве́рхний контро́льный п.   upper control l.

    ве́рхний п. усло́вий ка́чества   specification maximum

    дисквалифици́рующий п.   rejection l.

    довери́тельный п.   confidence l.

    допуска́емый п.   specification l.

    допусти́мые п.-ы   tolerance l.'s

    за п.-ом   beyond

    ни́жний контро́льный п.   lower control l.

    ни́жний п. усло́вий ка́чества   specification minimum

    непараметри́ческие толера́нтные п.-ы   nonparametric tolerance l.'s

    односторо́нний допуска́емый п.   single specification l.

    п. до́пуска   tolerance l.

    п. достове́рности   confidence l.

    п. значи́мости   l. of significance

    п. интерва́ла   cell boundary (in frequency tables)

    п. погре́шности   margin of error, l. of error

    п. отбрако́вки   rejection l.

    п. отбра́сывания   rejection l.

    техни́ческие п.-ы   technical l.'s, specification l.'s

    толера́нтные п.-ы   tolerance l.'s

    устано́вленные п.-ы   specification l.'s

    ширина́ п.-ов до́пуска   tolerance range; specification range

преде́льн/ый, adj.   limiting, limit, marginal

    лока́льная п.-ая теоре́ма   local l. theorem

    п.-ая теоре́ма   l. theorem

    п.-ое норма́льное распределе́ние   l. normal distribution

    п.-ое распределе́ние   l. distribution

    п.-ое сво́йство   l. property

    п. дохо́д   m. revenue

    п. зако́н (распределе́ния)   l. (distribution) law

    п. слу́чай   borderline case, l. case

предисло́вие, n.   preface

предложе́ние, n.   supply; proposal, proposition

  п. цен   bid, offer

предме́т, m.   object, article, topic, subject, item

  п. с дефе́ктом   spotty unit

предоставле́ние креди́та   granting of credit, allocation of credit

предотвраще́ние, n.   prevention

предполага́ть (предположи́ть), v.   to assume, suppose

предположе́ние, n.   assumption, hypothesis

предположи́тельный интерва́л   prediction interval

предпосы́лка, f.   assumption, premise, precondition

предпочте́ни/е, n.   preference, dominance, advantage

  соотноше́ние п.-я исхо́дов   relation of d. of imputations

предпочти́тельность, f.   preference, preferability

предпринима́тель, m.   owner, industrialist, employer, entrepreneur

предприя́тие, n.   plant, enterprise

предсказа́ние, n.   prediction, forecast

  наилу́чшее лине́йное п.   best linear prediction; best linear predictor

предска́зывание, n.   prediction

представи́мый, adj.   representable

представи́тельный, adj.   representative; dignified

предубежде́ние, n.   bias, prejudice

предупрежде́ние, n.   warning, notice; prevention

предупреди́тельная ли́ния   warning limit

предусмотре́ние, n.   estimate, provision

предше́ствующий, adj.   preceding

предысто́рия, f.   previous history

пре́жний, adj.   previous, former

преиму́щество, n.   advantage, priority

  систе́ма ма́ссового обслу́живания с преиму́ществами p.   queueing system

прекраща́ть наблюде́ния   to stop sampling, *lit.* to stop observations

прекраще́ние, n.   curtailment, stopping

  п. вы́борочного обсле́дования   c. of sampling

пре́мия, f.   premium

пренебрежи́м/ый, adj.   negligible

  п.-о ма́лый   negligibly small

пренебре́чь (пренебрега́ть), v.   to neglect

преоблада́ни/е, n.   predominance, exceedance, prevalence

  число́ п.-й   number of e.'s

преобразова́ние, n.   transformation, conversion

  авторегресси́вное п.   autoregression t.

  п. да́нных   data c.

  п. повто́рным логарифми́рованием   loglog t.

  тригонометри́ческое п.   angular t.

преобразова́тель до́зы   dose metameter

прерыва́ни/е, n.   interruption

  обслу́живание без п.-я   service without i.; head of the line service (in priority queues)

  обслу́живание сп. -ем   service with i.; preemptive priority (in priority queues)

прерыва́ть, v.   to discontinue, interrupt

преры́вность, f.   discontinuity

преры́вный, adj.   discrete, discontinuous

прибавле́ние, n.   addition, supplement

приближе́ние, n.   approximation, fitting

после́довательное п. successive a.

приближённый, adj. approximate, rough

приблизи́тельно, adv. approximately

приблизи́тельный, adj. approximate

прибо́р, m. apparatus, device, instrument

  измери́тельный п. measuring d., measuring i.

  испыта́тельный п. testor

при́быль, f. profit, gain

прибы́тие, n. arrival

приведе́ние в де́йствие putting into operation

приведённая фо́рма reduced form

привнесённые (причи́ны) introduced, assignable (causes)

приводи́ть (привести́), v. to reduce; bring

приго́дность, f. fitness, suitability

приго́дный, adj. suitable, acceptable

приго́нка, f. fitting

приём, m. rule, method, device; acceptance; reception

приёмка, f. acceptance, accepting

  грани́ца п.-и acceptance boundary

  ли́ния п.-и acceptance line

  о́бласть п.-и acceptance region

  п. па́ртии acceptance of a lot

приёмлемый, adj. acceptable, admissible

приёмник, m. receiver, container

приёмочн/ый, adj. acceptance, reception

  п.-ая прове́рка a. inspection

  п.-ое испыта́ние a. test

  п.-ое число́ a. number

  п. контро́ль a. sampling, a. control

  п. контро́ль па́ртии lot a. control

при́знак, m. indication, sign, characteristic, index, mark, feature, attribute; test

ка́чественный п. quality c.; quality criterion

коли́чественный п. measurable c., quantitative c.; quantitative criterion

нежела́тельный п. demerit

непреры́вный п. continuous c.

осо́бенный п. special c., peculiar c.

п. для формирова́ния гру́ппы grouping criterion

п. кла́сса class mark

п. классифика́ции criterion of classification

характеристи́ческий п. attribute

при́знаки, m. (pl.) characteristics

сопряжённые п. interdependent c.

прики́дочный, adj. estimated

прикладн/о́й, adj. applied

  п.-ая стати́стика a. statistics

прикреплённый, adj. fixed, attached

приложе́ние, n. application; supplement, appendix

примене́ние, n. application, use

примени́мость, f. applicability

приме́р, n. example

примеча́ние, n. note, remark

принадле́жность, f. belonging, affiliation

принима́ть (приня́ть), v. to accept, admit; assume

при́нцип, m. principle, law

  п. минима́кса minimax p.

  п. классифика́ции p. of classification

приорите́т, m. priority

  п. усредне́ния p. of averaging

  п. без прерыва́ния обслу́живания p. without interruption of the service, head of line p.

припи́сывание п.-а p. rating

прираще́ние, n. increment, increase

приро́да, f. nature

прирóст, m. growth, gain, increment
  возрастáющий п. increasing rate of growth
  п. информáции information gain
  п. населéния growth of population
  снижáющийся п. decreasing rate of growth
приспосáбливающийся, adj. adaptive
притя́гивающий(-ся), adj. attracting (-ed)
притяжéние, n. attraction
прихóд, m. arrival; income, receipts
причи́на, f. cause
  домини́рующая п. изменéния dominant c. of variation
  неслучáйная п. assignable c.
  обозначи́мая п. изменéния assignable c. of variation
  привнесённая п. assignable c.
причи́нность, f. causality
причи́нн/ый, adj. causal
  п.-ая зави́симость c. dependence
  п.-ая связь c. relation
проанализи́ровать, v. to analyze
прóба, f. trial, test, sample
пробабилизáция, f. probabilization
пробéл, m. lacuna, omission, gap
проби́т, m. probit, probe
  п. мéтод probit method
  рабóчий п. working probit
проблéма, f. problem (see also **задáча**)
прóбн/ый, adj. test, experimental, sample
  п.-ая сéрия t. run
проведéние, n. carrying out, execution
провéрк/а, f. check, examination, inquiry, inspection, test, verification
  повтóрная п. check inspection, re-inspection
  п. гипóтез testing of hypothesis

  п. на дефéктность marginal checking
  п. на чётность parity check
  п. сигнификáции t. of significance
  п. соглáсия testing the goodness of fit
  профилакти́ческая п. marginal checking, preventive c.
  процедýра непреры́вной п.-и continuous inspection plan
  сплошнáя п. total inspection, total control
проверя́емый, adj. tested, checked, verifiable
прогнóз, m. forecast, prediction
прогнози́рование, n. prediction
программи́рование, n. programming
  вы́пуклое п. convex p.
  динамчи́еское п. dynamic p.
  линéйное п. linear p.
продли́ть, v. to prolong
продли́ться, v. to last
продолжáть вы́бор continue sampling
продóлженный, adj. prolonged
продолжи́тельность, f. duration, length of time
  вероя́тная п. жи́зни life expectancy
  п. игры́ d. of a game
  срéдняя п. жи́зни average d. of life
продýкт, m. product
продукти́вность, f. productivity, fertility
продуктóвая корзи́нка quantum basket
продýкция, f. production, output
  чи́стая п. net o.
проéкция, f. projection
  ортогонáльная п. orthogonal p.
прóигрыш, m. failure, loss
произведéние, n. product; composition

п. собы́тий product (intersection) of events

производи́тель, m. producer

производи́тельность труда́ labor productivity

производи́тельность исто́чника информа́ции transmission rate

производи́ть, v. to produce, perform, generate

произво́дная, f. derivative

произво́дн/ый, adj. derived

   п.-ая цепь Ма́ркова d. Markov chain

   п.-ое число́ d. number

   п. показа́тель d. measure

произво́дственн/ый, adj. production, industrial

   п.-ая мо́щность capacity of p.

   п.-ые да́нные p. data

произво́дств/о, n. production, output

   ма́ссовое п. mass p.

   проце́сс п.-а p. process

   спо́соб п.-а mode of p.

производя́щая фу́нкция (моме́нтов) (moment) generating function

произво́льн/ый, adj. arbitrary

   п.-ая вы́борка a. selection

   п.-ое нача́ло a. basis

произойти́ (происходи́ть), v. to occur, happen

проко́л, m. pin hole; hole (in a punch card)

про́мах, m. gross error; miss

промежу́ток, m. interval, spacing

проме́р, m. measurement; error in measurement

проми́ль, m. thousandth, promille

промы́шленная стати́стика industrial statistics

прономографи́ровать, v. to construct (calculate) a nomogram

прообраз, m. inverse image

пропа́вший, adj. missing, lost

пропорциона́льный, adj. proportionate, proportional

пропо́рция, f. proportion, rate, ratio

пропускна́я спосо́бность capacity

пропускна́я спосо́бность безоши́бочной переда́чи zero-error capacity

просте́йший пото́к simple stream

просто́й, m. (I) standstill, delay

прост/о́й, adj. (II) simple

   п.-ая вероя́тность s. probability

   п.-ая корреля́ция s. correlation

   п.-ая случа́йная вы́борка s. random sample

   п.-ая табли́ца s. table

   п.-ое воспроизво́дство s. reproduction

простра́нственное сре́днее spacial average

простра́нство, n. space

   вероя́тностное п. probability s.

   п. вы́бор/ки (-ок) sample s.

   п. реше́ний decision s.

   п. с ме́рой measure s.

   п. страте́гий strategy s., policy s.

про́тив, prep. against, opposite, versus

проти́вник, m. adversary, opponent

противополо́жн/ый, adj. antithetical, opposite; inverse

   п.-ые собы́тия complementary events

противопоме́ховый, adj. anti-noise

противоре́чащий, adj. contradictory, contradicting

противоречи́вый, adj. contradictory

протяже́ние, n. extent, duration

профессиона́льная группиро́вка professional grouping

профила́ктика, f. preventive maintenance; preventive inspection

процеду́ра, f. procedure

   антитети́ческая п. antithetical p.

многоэта́пная п. multistage p.
приёмочная п. acceptance p.
п. непреры́вной прове́рки continuous inspection plan
разреша́ющая п. decision p.
проце́нт, m. per cent, percentage, interest
  п. пло́щади лежа́щей ни́же ука́занного значе́ния . . . percentage area lying below the stated value of . . .
проце́нтный соста́в percentage distribution
проце́сс, m. process
  абсолю́тно случа́йный п. absolutely random p.
  авторегресси́вный п. autoregressive p.
  адапти́вный п. adaptive p.
  аддити́вный п. differential p., additive p.
  вероя́тностный п. stochastic p., probability p.
  ветвя́щийся п. multiplicative p., branching p.
  ви́неровский п. Wiener p.
  внеконтро́льный п. p. out of control
  возмущённый гармони́ческий п. disturbed harmonic p.
  га́уссовский п. Gaussian p.
  двуме́рный п. bivariate p.
  детермини́рованный п. deterministic p.
  диссипати́вный п. dissipative p.
  диффузио́нный п. diffusion p.
  иерархи́ческий п. hierarchical p.
  изотро́пный п. isotropic p.
  интерполяцио́нный п. interpolation p.
  итерацио́нный п. iterative p.
  логисти́ческий п. logistic p.
  ма́рковский п. Markovian p., Markov p.
  мартинга́л-п. martingale p.

  невозвра́тный (ма́рковский) п. transient (Markov) p.
  необрати́мый п. irreversible p.
  необрыва́ющийся п. non-cut-off p.
  неразложи́мый п. indecomposable p.
  обрати́мый п. reversible p.
  обрыва́ющийся п. cut-off p.
  огиба́ющий п. envelope p.
  одноро́дный п. homogeneous p.
  перехо́дный п. transient p.
  периоди́чески коррели́рованный случа́йный п. periodically correlated random p.
  полума́рковский п. semimarkov p.
  предогиба́ющий п. pre-envelope p.
  п. без после́дствия p. without after-effect, non-hereditary p.
  п. без разры́вов continuous p.
  п. восстановле́ния renewal p.
  п. ги́бели death p.
  п. зави́сящий от во́зраста age-dependent p.
  п. исче́рпывания exhaustion p.
  п. Ма́ркова Markov p.
  п. освобожде́ния от шу́ма noise stripping p.
  п. под контро́лем p. under control
  п. произво́дства production p.
  п. размноже́ния evolutionary p., birth p.
  п. размноже́ния и ги́бели birth and death p.
  п. рожде́ния birth p.
  п. рожде́ния и ги́бели birth and death p.
  п. рожде́ния и сме́рти birth and death process
  п. с незави́симыми прираще́ниями p. with independent increments; additive p.
  п. с ортогона́льными прираще́ниями p. with orthogonal increments

п. с послед́ействием   p. with after-effect, hereditary p.

п. со скачкáми   p. with jumps

п. эмигрáции   emigration p.

пуассóновский п.   Poisson p.

равновéсный п.   equilibrium p.

равнокоррел́ированный п.   equally correlated p.

разлож́имый п.   decomposable p.

реализáция п.-а   realization, sample function of a p.

сепарáбельный п.   separable p.

скачкообрáзный п.   jump-type p.

случáйный п.   random p.

сопряжённый п.   adjoint p.

стационáрный п.   stable p., stationary p.

стохаст́ический п.   stochastic p.

строгомáрковский п.   strong Markov p.

счётный п.   denumerable p.

тóчечный п.   point p.

ч́исто случáйный п.   purely random p.

фéллеровский п.   p. of Feller's type

эргод́ический п.   ergodic p.

прямáя, f.   (straight) line

п. регрéссии   regression l.

прям/óй, adj.   direct, straight; right

п.-áя классификáция   one-way classification

п.-óе отношéние   d. ratio

п. налóг   d. tax

п.-ы́е неравнотóчные наблюдéния   d. observations of unequal accuracy

прямолинéйный, adj.   linear

прямоугóльные координáты   rectangular coordinates

псевдослучáйные ч́исла   pseudorandom numbers

публикáция, f.   publication

п. свéдений   p. of data

пункт назначéния   destination

пункт отправлéния   origin

пункт́ир, m.   dashed line, dotted line

пустóй, adj.   empty

путь, m.   path, route, walk

пучкóвый вы́бор   cluster sampling

пучóк, m.   bundle, collection, pencil

параллéльный п.   parallel p.

пятидеся́тый, adj.   50th—fiftieth

пятисóтый, adj.   500th—five hundredth

пятнáдца/ть (-тый), num. (adj.)   15— (15th—fifteenth)

пя́тый, adj.   5th—fifth

пять, num.   5—five

пятьдеся́т, num.   50—fifty

пятьдеся́т ты́сяч, num.   50,000—fifty thousand

пятьсóт, num.   500—five hundred

Р

рабóчий, m. (adj.)   worker, workman; (worker's, working)

равновероя́тность, f.   equiprobability

равновéсие, n.   equilibrium, balance

равновозмóжность, f.   equal likelihood, equal possibility

равновозмóжный шанс   equal chance

равнокоррел́ированный, adj.   equally correlated, uniformly correlated

равномéрно, adv.   uniformly, evenly

р. наибóлее тóчный   u. most accurate

р. наибóлее тóчный инвариáнтный   u. most accurate invariant

р. наибо́лее то́чный несмещённый u. most accurate unbiased

равноме́рный, adj. uniform

р.-ое распределе́ние u. distribution

равноповто́рный, adj. equally replicated

равноотстоя́щий, adj. equidistant, equally spaced

равнораспределённый, adj. uniformly distributed, equidistributed

равнораспределе́н/ие (-ность), n. (f.) uniform distribution, equidistribution, equipartition

равноси́льный, adj. equivalent; equipotent

равноупоря́доченный, adj. equally ordered

равноце́нный, adj. equivalent, of equal value

ра́вн/ый, adj. equal

р.-ая вероя́тность e. probability

р.-ые ша́нсы e. odds

раз, m. time, once; since (used as a conjunction)

разби́вка, f. break-up, division

разбие́ние, n. dissection, partition, subdivision, decomposition

р. на подгру́ппы subgrouping

р. неоднор́одного распределе́ния decomposition of a heterogeneous distribution

разбро́с, m. spread, dispersion, scatter

р. сре́днего значе́ния d. of average(s); spread of average(s)

разви́тие, n. development

разгово́р, m. conversation

разде́л, m. section, division, partition

разделе́ние, n. division, separation, distribution

раздро́бленный, adj. split, splintered

разла́дка, f. disorder

различа́ть, v. to distinguish

различе́ние, n. discrimination, distinguishing

разли́чие, n. discrepancy, distinction, difference

различи́мый, adj. distinguishable

разли́чный, adj. separate, distinct, different

разложе́ни/е, n. expansion; partition, break-down, decomposition, factorization; analysis

гармони́ческое р. harmonic a.

по́ле р.-я splitting field

р. в ряд Фурье́ Fourier series e.

разложи́мый, adj. decomposable, factorable

разма́х, m. range, extent

р. вариа́ции e. of dispersion

р. Стью́дента studentized r.

сре́дний р. mean r.

стьюдентизи́рованный р. studentized r.

разме́р, m. size, measure, dimension

в р.-е at the rate

разме́рность, f. dimension, dimensionality

размести́ть (размеща́ть), v. to allot, distribute

размеще́ни/е, n. allocation, permutation; occupancy

оптима́льное р. вы́борки optimum a. of a sample

пробле́ма р.-я o. problem

р. вариа́нтов treatment arrangements

размноже́ние, n. multiplication, reproduction; birth

разнови́дность, f. heterogeneity, variety, kind, species

разнообра́зие, n. variety

разноро́дность, f. heterogeneity

разноси́ть (разнести́), v. to enter (into books); tally; spread, deliver

разноска, f.   entry (in books), tallying; delivery

разност/ь, f.   difference

  первая р.   first d.

  р. первого порядка   first order d.

  сбалансированные р.-и   balanced d.'s

  средняя р.   mean d.

разноэксцессный, adj.   allokurtic

разов/ый, adj.   non-recurrent, single

  р. опрос   n.-r. inquiry

  р.-ые расходы   n.-r. expenditures

разорение игрока   gambler's ruin

разработать (разрабатывать), v.   to develop

разработка данных   data processing

разрез, m.   cut; level

разрешающ/ий, adj.   solving, decision; allowing

  р.-ее правило   d. procedure

разрешение, n.   resolution, solution; permission

разрушить (связь), v.   to split up (connection)

разряд, m.   bit, order; discharge; class interval; place (of a decimal fraction)

  вставка р.-а   b. gain

  выпадение р.-а   b. loss

разрядная частота   class frequency

разумный, rational

районированная выборка   stratified selection, stratified sample

ранг, m.   rank, class

ранговый, adj.   ranked, rank

рандомизационный, adj.   randomization

рандомизация, f.   randomization

  неполная р.   restricted r.

рандомизированный, adj.   randomized

рандомизировать, v.   to randomize

ранжированный, adj.   ranked, ranged

  р. ряд   ordered series

ранжировка, f.   ranking

ранн/ий, adj.   early, earlier

  р.-ее испытание   earlier trial

расклассифицировать, v.   to classify

раскодирование, n.   decoding

расписание, n.   schedule, time table

расположени/е, n.   spacing, position, location

  систематическое р.   systematic arrangement

  средняя по р.-ю   positional average

распределени/е, n.   distribution; assignment, scheduling, allocation

  апостериорное р.   *a posteriori* d.

  априорное р.   *a priori* d.

  арксинус р.   arc sine d.

  асимптотическая функция р.-я   asymptotic d. function

  асимптотически-нормальное р.   asymptotically normal d.

  безусловное р. компоненты многомерной случайной величины   marginal (unconditional) d. (of a multivariate random variable)

  бимодальное р.   bimodal d.

  биномиальное р.   binomial d.

  входное р.   hitting d; input d.

  выборочное р.   sampling d.

  гамма-р.   Gamma d.

  гауссовское р. вероятностей   Gauss probability d.

  геометрическое р.   geometric d.

  гипергеометрическое р.   hypergeometrical d.

  гипотетическое р.   hypothetical d.

  график плотности р.-я   curve (or graph) of a frequency d.

  двумерное биномиальное р.   bivariate binomial d.

  двумерное р.   bivariate d.

двухверши́нное р. bimodal d.

зако́н р.-я d. law

исхо́дное р. initial d.

компози́ция р.-й composition of d.'s

крива́я р.-я percentile curve; d. curve

кумуляти́вное р. cumulative d.

кумуляти́вная крива́я р.-я чи́сленностей cumulative frequency d.

логарифми́чески-норма́льное р. logarithmically normal d.

логарифми́ческое р. logarithmic series d.

моме́нт р.-я moment of a d.

многоме́рное р. multivariate d.

мультимода́льное р. multimodal d.

мультиномиа́льное р. multinomial d.

мультинорма́льное р. multinormal d.

невы́рожденное р. non-singular d., nondegenerated d.

негруппиро́ванное р. ungrouped d.

непо́лностью определённое р. censored d.

непреры́вное р. continuous d.

нереше́тчатое р. not a lattice d.

несингуля́рное р. non-singular d.

несо́бственное р. singular d.

нецентра́льное р. non-central d.

нецентра́льное χ^2 (хи-квадра́т) р. non-central χ^2 (chi-square) d.

норма́льное р. normal d.

J-обра́зное р. J-shaped d.

U-обра́зное р. U-shaped d.

одноверши́нное р. unimodal d.

одноме́рное р. univariate d.

оптима́льное р. (объе́ктов в вы́борке) optimum allocation (of items in a sample)

отклоне́ние от норма́льного р.-я deviation from the normal d., disnormality

отрица́тельное биномиа́льное р. negative binomial d.

отрица́тельное мультиномиа́льное р. negative multinomial d.

отрица́тельное показа́тельное р. negative exponential d.

плосковерши́нное р. platykurtic d.

пло́тность р.-я density function, frequency d. (*lit.* density of a d.)

показа́тельное р. exponential d.

преде́льное норма́льное р. limiting normal d.

преде́льное р. limiting d.

преры́вное р. discontinuous d.

прямоуго́льное р. rectangular d.

пуассо́новское р. Poisson d.

равноме́рное р. uniform d.

разбие́ние неодноро́дного р.-я dissection of a heterogeneous d.

разделённое р. split d.

р. Берну́лли Bernoulli d.

р. вероя́тностей probability d.

р. Ве́йбулла Weibull d.

р. Ви́шарта Wishart d.

р. вре́мени ожида́ния delay d.

р. вы́борки d. of a sample, sample d.

р. Га́усса Gauss d.

р. Ге́льмерта Helmert d.

р. Гринвуда-Юла Greenwood-Yule d.

р. дохо́да d. of income

р. едини́ц вы́бор/ок (-ки) sampling unit d.

р. зараже́ния contagious d.

р. кра́йних чле́нов extreme value d.

р. Коши́ Cauchy d.

р. Лапла́са Laplace d.

р. Ма́ксвелла Maxwell d.

р. моме́нта отка́за failure d.

р. на окру́жности circular d.

р. Паре́то Pareto d.

распределе́ние   расхо́д

р. Паска́ля Pascal d.

р. Пауссо́на Poisson d.

р. Пи́рсона Pearson d.

р. по во́зрасту age d.

р. по по́лу break-down by sex

р. По́йа (По́лия) Pólya d.

р. после́йствия contagious d.

р. правдоподо́бия likelihood d.

р. разма́ха d. of range

р. Рэ́лея Rayleigh d.

р. Си́мпсона Simpson d.

р. Стью́дента Student d.

р. Уиша́рта Wishart d.

р. Фи́шера Fisher d.

р. хи-квадра́т chi-square d.

р. частоты́ frequency d.

р. чи́сленностей frequency d.

р. широты́ d. of range

р. экспоненциа́льного ти́па exponential type d.

решётчатое (решётчатое) р. lattice d.

ряд р.-я чи́сленностей frequency series

свёрнутое норма́льное р. folded normal d.

сингуля́рное р. singular d.

сло́жное р. compound d.

случа́йное р. random d.

смесь р.-й mixture of d.

со́бственное р. non-singular d.

совме́стное р. joint d., simultaneous d.

составно́е р. compound d.

сре́днее взве́шенное не́скольких р.-й mixture of d.'s

стьюдентовское р. Student d.

теорети́ческое р. theoretical d.

то́чное р. exact d.

треуго́льное р. triangular d.

унимода́льное р. unimodal d.

уре́занное р. truncated d.

усечённое р. truncated d.

усло́вное р. conditional d.

усто́йчивое р. stable d.

фидуциа́льное р. fiducial d.

фикси́рованное р. specified d.

фу́нкция р.-я d. function; partition function

хвост р.-я tail area, remainder of a d.

ча́стное р. marginal d.

экспоненциа́льное р. exponential d.

эксце́сс пло́тности р.-я kurtosis of a frequency curve

эмпири́ческое р. empirical d.

этало́нное р. standard d.

распределённ/ый, adj. distributed, allotted

случа́йные величи́ны норма́льно р.-ые normally d. random variables

распределя́ть, v. to distribute, allot

распростране́ние, n. spreading, propagation, extension

р. и́ндексов преци́зий p. of precision indexes

распространи́мость, f. extendibility, spreading

рассе́ивание, n. scattering, dispersion

рассе́яние, n. scattering, dispersion, variation; equivocation

р. вокру́г v. about

расслое́ние, n. stratification

р. по́сле отбо́ра s. after selection

расслоённый, adj. stratified

р. вы́бор s. (random) sampling

расстано́вка, f. filling, spacing, arrangement, order

зада́ча р.-и f. problem

расстоя́ние, n. distance, space, separation, spread

р. ме́жду контро́льными ли́ниями spread of the control limits

расхо́д, m. cost, expenditure, expense

администрати́вные р.-ы overhead c.'s

р.-ы обору́дования fitting c.'s

63

р.-ы произво́дства c. of manufacturing (working expenses)

расходи́ться, v. to differ, diverge

расхожде́ние, n. discrepancy; deviation

расце́нка, f. assessment, appraisal

расчёт, m. computation, calculation

расчлене́ние, n. partitioning, dissection

расчлен/и́ть (-я́ть), v. to partition, break-up; analyze; dismember

расчленённый во вре́мени time-phased

расшире́ние, n. extension, expansion, prolongation

расши́ренный, adj. extended, widened

расширя́ющий, adj. extending, enlarging

расшифрова́ть, v. to decode, decipher

расщепле́ние, n. splitting; decomposition, un-lumping, de-collapsing

   р. диспе́рсии s. a variance

   р. элемента́рных собы́тий s. of the elementary events

реа́кция, f. reaction, response

реализа́ция, f. realization, model

реа́льн/ый, adj. real, actual

   р.-ая за́работная пла́та r. wages

регистра́ция, f. registration, recording

регресси́вный, adj. regressive, regression

регресси́онный, adj. regressive

регре́сси/я, f. regression

   вну́тренняя р. internal r.

   коэффицие́нт р.-и coefficient of r.

   крива́я р.-и r. curve

   криволине́йная р. curvilinear r.

   лине́йная р. linear r.

   мно́жественная р. multiple r.

   нелине́йная р. curvilinear r.

   ортогона́льная р. orthogonal r.

   оце́нка р.-и r. estimate

   параболи́ческая р. parabolic r.

плоско́сть р.-и r. plane

пове́рхность р.-и r. surface

псевдолине́йная р. pseudo-linear r.

пряма́я р. direct r.

р. с запа́здыванием аргуме́нта lag r.

сре́дняя квадрати́ческая р. mean-square r.

эллипсо́ид р.-и r. ellipsoid

регули́рование, n. adjustment, control, regulation

ре́дк/ий, adj. rare, scarce

   р.-ое собы́тие r. event

режи́м, m. regime, policy, behavior; condition

   р. рабо́ты operating c.'s, operating mode

редуци́рованный, adj. reduced

резе́рв, m. surplus, reserve

ре́зко выделя́ющееся отклоне́ние outlying deviation

результа́т, m. result, outcome

   р.-ы испыта́ния test data; outcome of a trial

результати́вный, adj. resulting, resultant

резюме́, n. summary, résumé

рекурре́нтн/ый, adj. recurrent, recursion

   р.-ое собы́тие recurrent event

   р.-ое соотноше́ние recurrent relation

реку́рсия, f. recursion, recurrence

реляти́вная эффекти́вность relative efficiency

ремо́нт маши́н machine maintenance, machine repair

ре́плика, f. replicate, replication

репрезентати́вность, f. representative nature

репрезентати́вный, adj. representative

   р. слу́чай r. case

рецензе́нт, m. referee, reviewer

реша́ющ/ий, adj. decision, decisive, crucial; resolving

р.-ая схе́ма decision scheme

р.-ая фу́нкция (р.ф.) decision function

р.-ое пра́вило decision rule, decision procedure

реше́ни/е, n. solution; decision

ба́зисное р. basic s.

выноси́ть (вы́нести) р. to make a d., decide

оконча́тельное р. terminal d.

приня́тие р.-я d. making

р. игры́ s. of a game

р. ме́тодом после́довательных приближе́ний s. by the method of successive approximations; trial and error s., cut and trial s.

фу́нкция р.-я d. function

реше́тка, f. lattice, gridwork; tail (of a coin)

группиро́вочная р. grouping l.

целочи́сленная р. square l.

реше́тчатый (решётчатый) adj. lattice

р. зако́н l. law

ре́шка, f. tail (of a coin)

риск, m. risk, hazard

допуска́емый р. tolerated r.

после́довательная фу́нкция р.-а sequential r. function

р. получа́теля (потреби́теля) consumer's r.

р. производи́теля producer's r.

сре́дний р. average r., expected r.

фу́нкция р.-а r. function

рису́нок, m. figure, picture, drawing

род, m. sort, kind, genus, type

оши́бка I-ого [пе́рвого] р.-а error of first kind (type)

оши́бка II-ого [второ́го] р.-а error of second kind (type)

рожда́емость, f. birth rate

рожде́ние, f. birth

рост, m. increase, growth; height

крива́я р.-а g. curve

ру́брика, f. entry, column

руково́дство, n. guidance; handbook, manual

ручно́й, adj. manual, hand

ры́нок, m. market

ры́ночн/ый, adj. market

ана́лиз р.-ых цен во вре́мени m. trend analysis

моде́ль р.-ой ку́пли m. model

по р.-ой цене́ at m. price

рэндомиза́ция, f. randomization

ряд, m. series, sequence, row

биномиа́льный р. binomial series

вариацио́нный р. ordered sample, ordered series, order statistics

временно́й р. time series

временны́е р.-ы́ (pl.) time series

динами́ческий р. time series

истори́ческий р. historical series

кумуляти́вный р. cumulative series

пого́дный р. yearly series

ранжиро́ванный р. array

р. Гра́ма-Шарлье́ Gram-Charlier series

р. дина́мики time series

р. да́нных sequence of data

р. нако́пленных часто́т cumulative series

р. одного́ переме́нного univariable series

р. ра́нгов ranking

р. распределе́ния чи́сленностей frequency series

р. Фурье́ Fourier series

случа́йный р. random series

территориа́льный р. territory series

упоря́доченный р. array

ряды́ кла́виш key sets

С

са́льдо, n. balance

самодея́тельный, adj. gainfully occupied, earner

самонепересека́ющийся (путь), adj. self-avoiding (walk)

самостоя́тельный, adj. independent, self-dependent

сбаланси́рованный, adj. balanced (see also уравнове́шенный)

сбереже́ние, n. saving(s), economy

сбра́сывать ка́рту, i. to discard (in game theory)

сбор, m. collection, gathering

  с. све́дений с. of information; enumeration

  с. да́нных с. of data, data g.

сбо́рник, m. transactions, compendium, collection

сведе́ние, n. reduction

све́дения, n. (pl.) information, record, data

свёрнутый, adj. folded, contracted

свёртка, f. convolution, faltung

сверх-, prefix hyper-, ultra-, super-

  сверхигра́ supergame

свиде́тельство, n. evidence, testimony

свобо́дный, adj. free

  с. от координа́т coordinate-f.

  с. от нуля́ zero f.

  с. от поме́х noiseless

  с. от распределе́ния distribution f.

сво́дка, f. table, résumé, summary

сво́дный, adj. summary; combined; multiple

сво́йство, n. attribute, characteristic, feature, property

  ма́рковское с. Markovian p.

  преде́льное с. limiting p.

  с. асимптоти́ческой ра́внораспределённости asymptotic equipartition p.

  сопряжённые с.-а interdependent c.'s, associated c.'s

свя́занность, f. connectedness, connectivity, linkedness; coherence

свя́занный, adj. related, associated, connected

связ/ь, f. association, communication, connection, interrelation, relation, relationship

  исску́ственная с. artificial connection, artificial constraint

  кана́л с.-и communication channel

  причи́нная с. causal relation

  с. во вре́мени temporal relationship

  с. ме́жду a. between, a. among

  теснота́ с.-и closeness of relationship

сгла́женный, adj. smoothed, fitted, rectified

сгла́живание, n. smoothing, fitting

  лине́йное с. linear s.

  с. да́нных s. the data

сгла́живающ/ий, adj. smoothing, fitting, fitted

  с.-ая крива́я f. curve

сгуще́ние, n. condensation

  с. по оси́ pivotal c.

сдвиг, m. shift, translation, displacement

  опера́тор с.-а s. operator

сдви́нутый кванти́ль probit (probability unit) see also проби́т

сде́лать, v. to make, do

  с. их подконтро́льными to bring them under control

сде́льная опла́та piece wages

себесто́имость, f.   cost of production, net cost

седлова́я то́чка   saddlepoint

седьмо́й, adj.   7th—seventh

сезо́нн/ый, adj.   seasonal
  с.-ая волна́   s. movements, s. pattern
  с.-ые измене́ния   s. variations
  с.-ые колеба́ния   s. fluctuations

секвенциа́льный, adj.   sequential

се́ктор, m.   sector
  ча́стный с.   private s.

се́кторная диагра́мма   sector diagram

селе́кция, f.   selection
  случа́йная с.   random s.

се́льское населе́ние   rural population

сельскохозя́йственная пе́репись   agricultural census

сельскохозя́йственная стати́стика   agricultural statistics

семе́йство, n.   family, household

семидеся́тый, adj.   70th—seventieth

семиинвариа́нт, m.   semi-invariant, cumulant
  производя́щая фу́нкция с.-ов   c. generating function
  факториа́льный с.   factorial c.

семисо́тый, adj.   700th—seven hundredth

семна́дца/ть (-тый), num. (adj.)   17—seventeen(th) (17th)

семь, num.   7—seven

се́мьдесят, num.   70—seventy

семьсо́т, num.   700—seven hundred

семья́, f.   household, family

середи́на, f.   middle, center
  с. о́бласти измене́ния   c. of a range
  с. разма́ха   mid-range

середи́нный, adj.   median, middle

се́ри/я, f.   run; series
  про́бная с.   pilot s.
  с. величи́н   s. of values

  с.-и восходя́щие и нисходя́щие   r.'s up and down
  с.-и спра́ва и сле́ва от медиа́ны   r.'s above and below median

се́тка, f.   net, mesh, network, grid
  вероя́тностная с.   probability paper
  полулогарифми́ческая с.   semilogarithmic ruling

сжа́тие, n.   compression, contraction

сжима́ть, v.   to contract, shrink

сжима́ющее ме́ру (преобразова́ние)   measure contracting (transformation)

си́гма, f. σ, sigma

сигмаво́й преде́л   sigma limit, σ-limit

сигна́л, m.   signal
  с. оши́бки   error s.

сигна́льный код   signal code

силово́й, adj.   force, power

сильнома́рковский, adj.   strong Markov

сильнофе́ллеровский, adj.   strong Feller

си́льн/ый, adj.   strong
  с.-ое обраще́ние теоре́мы коди́рования   s. converse of the coding theorem

симметризи́рующий, adj.   symmetric(al), symmetrizing

симметри́ческ/ий, adj.   symmetric(al)
  с.-ое распределе́ние   s. distribution

симметри́чн/ый, adj.   symmetric(al)
  с.-ая схе́ма Берну́лли   s. Bernoulli scheme

симметри́я, f.   symmetry

синдром, m.   syndrom

систе́ма, f.   system, set, class
  непротиворе́чащая с.   consistent set, consistent system
  обслу́живающая с.   service system

подчинённая с. мно́жеств subordinate system of sets

по́лная с. complete set

постоя́нная с. случа́йных причи́н
constant system of chance causes

с. затра́ты-вы́пуска input-output
system

с. координа́т system of coordinates

с. ма́ссового обслу́живания queueing system, *lit.* system of mass service

с. ма́ссового обслу́живания с преи-
му́ществами priority queueing s.

с. постоя́нных причи́н constant
causes s.

с. с ожида́нием s. allowing waiting

с. с отка́зами congestion s.

с. случа́йных причи́н chance-causes
s.

с. уравне́ний s. of equations

с. учёта и стати́стика s. of recording and statistics

систематиза́ция, f. specification,
systematization, classification

системати́ческ/ий, adj. systematic

с.-ая оши́бка bias, s. error

с.-ая стати́стика s. statistic

с.- вы́бор со случа́йным нача́лом
s. sampling with a random start

с.-ое расположе́ние s. arrangement

с.-ое смеще́ние s. bias; analytical
trend

ситуа́ция, f. situation, strategy

конфли́ктная с. conflicting situation

скали́рование, n. scaling

скаля́р, m. scalar

скачкообра́зно, adv. step-wise

скачо́к, m. jump, step

скедасти́чность, f. scedasticity

ски́дка, f. discount, reduction

склад, m. store, warehouse

склади́рование, n. warehousing

скле́ивание, n. aggregation, pasting
together, assembling; collapsing,
lumping

скло́нность, f. inclination, propensity,
proneness

ско́бка, f. bracket, parenthesis

скопле́ние, n. congestion, cluster, accumulation

с. то́чек cluster of points

скользя́щ/ий, adj. moving, sliding

с.-ее сре́днее m. average

с. ряд m. series

скоропереходя́щий, adj. transitory

ско́рост/ь, f. rate; velocity, speed

входна́я с. кана́ла channel input r.

ме́ра с.-и v. measure, s. measure

с. оборо́та v. of circulation

с. переда́чи transmission r.

с. приёма информа́ции reception r.

с. созда́ния информа́ции channel
source r.

скорректи́рованный, adj. corrected,
adjusted

скорректи́ровать, v. to correct, adjust

ско́шенность, f. bias, skewness

скрещённый, adj. cross-over, crossed

с. план с.-о. design

скре́щивание crossing

ску́дный, adj. scarce, scant

ску́ченность, f. congestion, density

сла́бо, adv. weakly, slightly

слабопереме́шивающее преобразова́ние
weakly mixing transformation

сла́б/ый, adj. weak

с.-ая сходи́мость w. convergence

след, m. trace, track

с. игры́ imputation of a game

сле́довательно, adv. consequently,
hence

сле́дует, i. it follows; one must; it
should be

следствие, n. corollary, consequence

следующий, adj. following, next

слежение, n. tracing

сложн/ый, adj. compound, complicated, complex

   с.-ая вероятность compound probability

   с. коэффициент смертности compound death rate

слой, m. stratum, layer

   вес слоя s. weight

случа/й, m. case, event, instance

   несчастный с. accident

   доля несчастных с.-ев accident rate

   игра с.-я play of chance

   статистика несчастных с.-ев accident statistics

   страхование от несчастных с.-ев accident insurance

   частный с. particular (special) c.

случайно, adv. at random, randomly, by chance

случайность, f. randomness, chance, contingency

случайн/ый, adj. random, accidental, stochastic, chance

   последовательность независимых с.-ых одинаково распределённых величин sequence of independent identically distributed r. variables

   с.-ая вариация c. variation

   с.-ая величина r. variable, c. variable

   с.-ая ошибка r. error, c. error

   с.-ая переменная r. variable, c. variable

   с.-ая таблица contingency table

   с.-ое массовое явление r. mass phenomenon

   с.-ое распределение r. distribution, probability distribution

   с.-ое событие r. event

   с.-ые помехи r. noise

с.-ые числа r. sampling numbers

с. рабочий occasional worker, casual

смежный, adj. adjacent, adjoining

смена, f. change, replacement, shift

смесь, f. mixture

смета, f. estimate (of costs)

смешанн/ый, adj. mixed, composite, compound

   с.-ая задача m. (boundary value) problem

   с.-ая система счисления m. base notation

   с.-ая стратегия m. strategy

   с.-ое произведение m. product (triple scalar product)

   с. коэффициент корреляции coefficient of alienation

   с. момент m. moment, product moment

   с. момент второго порядка covariance

   с. план confounded design

смешивание, n. confounding, mixing (see переплетение)

   частичное с. partial c.

смешивать, v. to confound, to mix

смещать, v. to dislocate, displace, bias

смещение, n. bias, shift, displacement, slippage

   с. вверх b. upwards

   с. выбора selection b.

смещённость, f. bias, displacement, dislocation

смещённый, adj. displaced, biased

смысл, m. meaning, sense

снабжение, n. supply

снижающийся, adj. decreasing, lowering

снижение, n. reduction, drop, decrease

   с. цены depreciation

снимать, v. to take off; to cut (cards)

сноска, f. footnote

сня́тие, n. removal; cutting (in cards)

собира́ние, n. collection (act of collecting), gathering

собы́ти/е, n. event, occurrence, act

благоприя́тное с. favorable e.

благоприя́тствующее с. favorable e.

включе́ние с.-й implication of e.'s

взаи́мно несовмести́мые с.-я mutually exclusive e.'s

достове́рное с. certain e.

зави́симые с.-я dependent e.'s

мно́жество элемента́рных с.-й aggregate of elementary e.'s

невозмо́жное с. impossible e.

незави́симые с.-я independent e.'s

несовмести́мые с.-я incompatible e.'s, exclusive e.'s, disjoint e.'s

несовме́стные с.-я disjoint e.'s, incompatible e.'s

определённое с. specific e.

пересече́ние с.-й intersection of e.'s

появле́ние с.-я occurrence of an e.

попа́рно несовмести́мые с.-я pairwise exclusive e.'s

противополо́жное с. opposite e., complementary e.

равновозмо́жные с.-я equally possible e.'s

ре́дкое с. rare e.

рекурре́нтное с. recurrent e.

случа́йное с. random e.

совмести́мые с.-я compatible e.'s

элемента́рные с.-я elementary e.'s, simple e.'s

совмести́мость (совме́стность), f. consistence, compatibility

совме́сти/ый, adj. joint, simultaneous, compatible

с.-ое распределе́ние j. distribution

совоку́пност/ь, f. (statistical) population, set, universe, aggregate (see популя́ция, генера́льная совоку́пность)

бесконе́чная с. infinite p.

вы́борочная с. sampling p.

генера́льная с. universe, general p., parent p.

дихотоми́ческая с. dichotomous p.

коне́чная с. finite p.

норма́льная с. normal p.

однор́одная с. homogeneous p.

перви́чная с. parent p., initial p.

сме́шанная с. mixed p.

с. ка́честв s. of characteristics

составна́я часть с.-и component part of an a.

части́чная с. sample, sampling p.

совоку́пн/ый, adj. collective, joint, combined, total

с.-ая оце́нка collective estimate

совпада́ть (совпа́сть), v. to coincide, concur

совпаде́ние, n. agreement, coincidence, tie

согла́сие, n. agreement, goodness of fit, conformity

согласо́ванность, f. compatibility, consistency, agreement

согласо́вывать(ся), v. to agree, fit

содержа́ние, n. contents, substance

соедине́ние, n. combination, pooling; union

сокраще́ние, n. curtailment, reduction; cancellation

с. вре́мени shortening of life

с. да́нных r. of data

сокращённ/ый, adj. short, reduced, abbreviated

с. контро́ль r. inspection, s. investigation

с. спо́соб вычисле́ния s. method of computing

соображе́ния, n. (pl.) observations, considerations

сообщéние, n. message, communication, information, report

кодúрованное с. coded m.

с. дáнных publication of data

соотвéтствие, n. agreement, conformity, concordance, correspondence

соотношéние, n. relation, correlation, ratio

рекуррéнтное с. recurrent relation

с. предпочтéния исхóдов relation of dominance of imputations

сопéрничество, n. competition, rivalry

сопоставúмость, f. comparability

сопостáвить, v. to confront, compare, associate

сопоставлéние, n. comparison, confrontation

сопровождáть, v. to accompany

сопряжённост/ь, f. contingency, conjunction

коэффициéнт с.-и coefficient of contingency

с. прúзнаков contingency

таблúца с.-и прúзнаков contingency table

сопряжённ/ый, adj. conjugate, adjoint, associated

с.-ая мáтрица c. matrix, adjoint matrix

с.-ые измерéния c. measurements

с.-ые плáны adjoinable (associate) plans (designs)

с. процéсс adjoint process

соразмер/éние (-ность), n. (f.) proportioning, proportionality, adjustment

сóрок, num. 40—forty

сороковóй, adj. 40th—fortieth

сортировáть, v. to sort

сортирóвка, f. sorting, screening

сосéдн/ий, adj. neighboring, adjacent

с.-ие вершúны многогрáнника n. vertices of a polyhedron

сосредотóчение, n. concentration

состáв, m. staff, composition, structure

составлéние, n. construction, compilation

с. грáфика construction of a chart

с. дáнных compilation of data

с. плáна planning

составлáющий, adj. component, constituent

составн/óй, adj. component, constituent; composite

с.-ая часть совокýпности component part of an aggregate

с. úндекс aggregate index

состоáние, n. state, condition

абсорбúрующее с. absorbing s.

дискрéтное с. discrete s.

мгновéнное с. instantaneous s.

несущéственное с. unessential s., transient s.

осóбое с. цéпи Мáркова absorbing s. of a Markov chain (lit. singular s.)

поглощáющее с. absorbing s.

подконтрóльное с. s. of statistical control

свáзанное с. persistent s. (lit. connected s.)

сообщáющееся с. communicative s.

стационáрное с. stationary s., steady s.

сущéственное с. essential s., nontransient s.

эргодúческое с. ergodic s.

сóтый, adj. 100th—one hundredth

сохран/áть (-úть), v. to preserve, retain, remain

сохранáющее мéру measure preserving

социáльное страховáние (соцстрáх, abbr.) social insurance

социометри́ческий, adj. sociometric

сочета́ние, n. combination

спад делово́й акти́вности recession (in business activity)

спе́ктр, m. spectrum

  непреры́вный с. continuous s.

  сме́шанный с. mixed s.

спектра́льная пло́тность spectral density

спи́сок, m. list, register, schedule

спи́ца, f. needle

  сортиру́ющая с. sorting n.

сплошн/о́й, adj. continuous, total, entire

  с.-а́я прове́рка t. inspection

  с.-о́е наблюде́ние full-scope survey

спо́соб, m. method, technique (see **ме́тод**)

  сокращённый с. вычисле́ния short m. of computation

  с. обрабо́тки treatment m.

  с. пониже́ния диспе́рсии variance reduction m.

  с. скользя́щих сре́дних moving average m.

  с. сре́дних величи́н m. of averages

  с. усло́вного нача́ла m. of arbitrary origin

спосо́бность, f. capacity, capability, power, ability

  покупа́тельная с. purchasing power

  пропускна́я с. (кана́ла) capacity (of a channel)

справедли́вость, f. validity; truth

спра́вка, f. inquiry, reference; information

спра́вочник, m. handbook, manual

спра́вочн/ый, adj. reference

  с.-ая фа́за оживле́ния r. expansion

  с.-ая фа́за сжа́тия r. contraction

  с. цикл r. cycle

спро́с, m. demand

ана́лиз с.-а d. analysis

  с. и предложе́ние d. and supply

спуск, m. descent, slope

  ме́тод скоре́йшего с.-а method of steepest d.

сравне́ние, n. comparison; congruence; contrast

  па́рное с. paired comparison

  с. моне́т coin matching

сравни́мость, f. comparability

сравни́тельная шкала́ scale of comparison

среди́на, f. middle

среди́нная величина́ интерва́ла mid-value of a class interval

среди́нное значе́ние median, mid-value

среди́нное отклоне́ние mean deviation (from the median)

средневзве́шенный, adj. mean-weighted

среднегодово́й, adj. yearly average; mid-annual

сре́дн/ее (сре́дн/яя), n. (f.) mean, average

  аддити́вность с.-их additivity of m.'s

  арифмети́ческое с.-ее arithmetic a., arithmetic m.

  взве́шенное с.-ее weighted m.

  вы́борочное с.-ее sampling m.

  гармони́ческое с.-ее harmonic m.

  генера́льное с.-ее grand m.

  геометри́ческое с.-ее geometric m.

  группово́е с.-ее class m., group m.

  комбинато́рное с.-ее степенно́е combinatorial power m.

  модифици́рованное с.-ее modified m.

  о́бщее с.-ее grand m.

  подвижна́я с.-яя moving a.

  преде́льное с.-ее limiting m.

предéльное с.-ее размáха   limiting m. of range

произвóльно прúнятое с.-ее assumed m.

скользя́щее с.-ее   moving a., running m.

скользя́щее с.-ее вторóго поря́дка iterated m. a.

с.-ее внутрú клáсса   class m.

с.-ее квадратúчное   quadratic m.

с.-ее квадрáтов послéдовательных рáзностей   m. square successive difference

с.-ее по всем грýппам   a. over all groups

с.-ее производственного процéсса industrial process a.

с.-ее степеннóе   power m.

с.-яя вы́работки   a. output/production

с.-яя по расположéнию   positional a.

стадúйное с.-ее   stage a.

услóвное с.-ее   conditional m., assumed m.

среднеквадратúческое отклонéние mean square deviation

среднеквадратúч/ный (-еский), adj. mean square

среднесýточный, adj.   average daily, mean daily

срéдн/ий, adj.   average, mean, middle

с.-ее выходнóе кáчество   a. outgoing quality

с.-ее значéние   m. value

с.-ее квадратúчное отклонéние   m. square deviation

с.-ее колúчество   a. quality

с.-ее линéйное отклонéние   m. linear deviation

с.-ее отклонéние   m. deviation

с.-ее разлúчие   m. difference

с.-ее расхождéние   m. difference, m. discrepancy

с.-ее числó   m. number

с.-ее числó наблюдéний   expected number of observations; a. sample number (ASN)

с.-ий вес   a. weight

с.-ий дневнóй   daily a.

с.-ий úмпульс   m. momentum

с.-ий мóдуль сдвúга   m. shear modulus

с.-ий риск   expected risk, average risk

с.-ий срок жúзни   a. time of life

с.-ий ýровень   a. level

с.-ий из крáйних   mid range

с.-ий член   m. term

с.-яя абсолю́тная ошúбка   m. absolute error

с.-яя аномáлия   m. anomaly

с.-яя взвéшенная по мáссам скóрость m. mass velocity

с.-яя густотá   m. density

с.-яя квадратúческая регрéссия   m. square regression

с.-яя квадратúческая свя́занность m. square contingency

с.-яя квадратúчная ошúбка   m. square error; m. square deviation

с.-яя кривизнá прóфиля   m. camber

с.-яя лúния   median, median line

с.-яя нагрýзка   a. loading

с.-яя плóтность   m. density

с.-яя секвéнция   mid-sequent

с.-яя продолжúтельность жúзни expectation of life

с.-яя тóчка   centroid, midpoint

услóвное с.-ее значéние   conditional m. value

срéдства производства   means of production

срок слýжбы   service period; life expectancy

ссýда, f.   loan

ссы́лка, f. reference

стаби́льн/ый, adj. stable (see also устойчивый)

  с.-ое населе́ние s. population

  с. зако́н (распределе́ния) s. (distribution) law

ста́вка, f. bet, punt, stake

  проце́нтная с. interest rate

ста́дия, f. stage

стади́йное сре́днее stage average

станда́рт, m. standard, specification; standard deviation

стандартизо́ванный, adj. standardized

станда́ртн/ый, adj. standard, conventional

  с.-ая оши́бка s. error

  с.-ое отклоне́ние s. deviation

  с. блок package (lit. standard block)

ста́рший моме́нт higher order moment

старшинство́, n. seniority

стати́стик, m. statistician

  с. страхово́го о́бщества actuary

стати́стика, f. (I) statistic (strictly mathematical usages)

  доста́точная с. sufficient s.

  зона́льная с. regional s.

  квазидоста́точная с. quasisufficient s.

  минима́льная доста́точная с. minimal sufficient s.

  непараметри́ческая с. nonparametric s.

  несостоя́тельная с. inconsistent s.

  неэффекти́вная с. inefficient s.

  подо́бная с. similar s.

  подчинённая с. ancillary s.

  по́лностн/о (-ью) информати́вная с. fully informative s.

  поря́дковая с. order s.

  состоя́тельная с. consistent s.

  с. максима́льного правдоподо́бия maximum likelihood s.

  тестова́я с. test s.

  трубча́тая с. tube s.

  усло́вная зона́льная с. conditional regional s.

  эффекти́вная с. efficient s.

стати́стик/а, f. (II) statistics (nonmathematical uses)

  биологи́ческая с. biostatistics

  ве́домственная с. departmental s.

  госуда́рственная с. government s.

  делова́я с. business s.

  демографи́ческая с. population s., demographic s.

  комме́рческая с. business s., commercial s.

  математи́ческая с. mathematical s.

  описа́тельная с. descriptive s.

  отраслева́я с. s. of various branches of the economy

  прикладна́я с. applied s.

  промы́шленная с. industrial s.

  систе́ма учёта и с.-и system of recording and s.

  социа́льно-экономи́ческая с. social-economic s.

  с. больши́х вы́борок macrostatistics

  с. бюдже́тов семе́й household s.

  с. городско́го хозя́йства municipal s.

  с. есте́ственного движе́ния населе́ния (наро́донаселе́ния) vital s.

  с. здравохране́ния public health s.

  с. капиталовложе́ний investment s.

  с. кварти́р housing s.

  с. культу́ры culture s.

  с. ма́лых вы́борок microstatistics

  с. нало́гов tax s.

  с. наро́донаселе́ния population s.

  с. населе́ния population s.

  с. несча́стных слу́чаев accident s.

  с. предприя́тий business s.

  с. рожда́емости (рожде́ний) birth s.

  с. рожда́емости и сме́ртности vital s.

с. свя́зи   communication s.

с. се́льского хозя́йства   agricultural s.

с. страхова́ни/й (-я)   insurance s.

с. торго́вли   trade s.

с. тра́нспорта   transport s.

с. труда́   labor s.

с. фина́нсов   financial s.

суде́бная с.   legal s.

экономи́ческая с.   economic s.

стати́стики, (pl.)   statistics (mathematical usage); statisticians *

стати́стико-о́пытный, adj.   statistically based on experience

статисти́чески, adv.   statistically

с. контроли́руемый   in state of statistical control

статисти́ческ/ий, adj.   statistical

с.-ая группиро́вка   s. grouping

с.-ая линеариза́ция   s. linearization

с.-ая ме́ра   s. measure

с.-ая моде́ль   s. model

с.-ая организа́ция   s. organization

с.-ая оце́нка   s. estimation

с.-ая разрабо́тка   s. treatment

с.-ая совоку́пность   s. population

с.-ая табли́ца   s. table

с.-ая тео́рия   s. theory

с.-ие да́нные   s. data

с. ана́лиз   s. analysis

с. бала́нс   s. balance

с. вес   s. weight

с. вы́вод   s. inference

с. контро́ль   s. control

с. ме́тод   s. method

с. обзо́р   s. review

с. ряд   s. series

с. сбо́рник   s. abstract, s. compendium

с. формуля́р   s. form

с.-ое измере́ние   s. measurement

с.-ое управле́ние   s. board, s. department

стато́рган, abbr.   statistical office, statistical agency

статуправле́ние, abbr.   statistical board, statistical department

статья́, f.   paragraph; article

стациона́рность, f.   stationarity

стациона́рн/ый, adj.   steady, stationary

с.-ое населе́ние   steady population

с. проце́сс   stationary process

сте́нки, f. (pl.)   walls, barriers (see экра́н, барье́р)

отража́ющие с.   reflecting b.

поглоща́ющие с.   absorbing b.

сте́пень, f.   degree, extent

с. дове́рия   d. of confidence

с. зави́симости   d. of dependence

с. корреляцио́нной свя́зи   d. of correlation

с. свобо́ды   d. of freedom

с. свя́занности   d. of constraint

с. свя́зи ме́жду при́знаками   d. of relation between attributes

с. то́чности   d. of accuracy

стесни́тельное усло́вие   restrictive condition

стира́ние, n.   erasure

сто, num.   100—one hundred

сто́имость, f.   cost, value (see also цена́)

прибавленная с.   added v.

с. жи́зни   c. of living

това́рная с.   merchandising c.

фу́нкция с.-и   c. function

сто́йкость, f.   robustness

столбе́ц, m.   column

сто́лбиковая диагра́мма   bar graph, bar diagram

---

* Also genitive case of стати́стика, sing.

сто ты́сяч, num. 100,000—one hundred thousand

стоты́сячный, adj. 100,000th—one hundred thousandth

стохасти́ческ/ий, adj. stochastic, random

   с.-ая величина́ s. variable

   с.-ая зави́симость s. dependence

   с.-ая переме́нная величина́ s. variable

   с.-ая сре́дняя s. average

   с. проце́сс s. process

стоя́нка, f. standing, parking

стратеги́ческ/ий, adj. strategic

   с.-ая то́чка s. point

   с.-ие и́гры games of strategy

стратеги/я, f. strategy

   домини́руемая с. dominated s.

   дубли́рующая с. duplicated s.

   заве́домо невы́годная с. obviously unfavorable s.

   наилу́чшая с. the best s.

   невы́годная с. unfavorable s.

   обобщённая с. extended s.

   оптима́льная с. optimal s.

   поле́зная с. supporting s.

   простра́нство с.-й space of s.'s, policy space

   расчленённая с. dismembered s.

   сме́шанная с. mixed s.

   с. X превосхо́дит с.-ю Y s. X dominates s. Y

   чи́стая с. pure, true s.

страхова́ние, n. insurance

страхова́я матема́тика actuarial mathematics

страхово́е о́бщество insurance company

стро́гий, adj. strict, stringent, strong, rigorous

строгома́рковский проце́сс strong Markov process

строй, m. array, order

структу́ра, f. compostion, structure; lattice

   с. цен price s.

ступе́нчатая крива́я step curve

ступе́нь, f. level, stage

стьюдентиза́ция, f. studentization

стьюдентизи́рованн/ый, adj. studentized

   с.-ое отклоне́ние s. deviate

   с. разма́х s. range

стьюдентовый, adj. Student, Student's

субдетермина́нт, m. minor, subdeterminant

субдисперсия, f. subvariance

суже́ние, n. contraction, restriction

су́мма, f. sum

   диагра́мма нараста́ющих сумм cumulative s. chart

   нараста́ющая с. cumulative s.

   с. ба́ллов score

   с. квадра́тов s. of squares

   с. квадра́тов отклоне́ний от сре́днего s. of squares of deviates from the mean

сумма́рный, adj. total, summarized

сумма́ция, f. summation

сумми́рование, n. summing up, summation

суммово́й, adj. sum, total

су́тки, n. (pl.) day, twenty-four hours

су́точный, adj. daily, diurnal, twenty-four hours'

суще́ственност/ь, f. significance (see also **значи́мость**)

   крите́рий с.-и test of s.

суще́ственн/ый, adj. significant, essential

   с.-ое состоя́ние e. state

схе́ма, f. scheme, plan, diagram, circuit, design

   реша́ющая с. decision s.

симметрúчная с. Бернýлли symmetric Bernoulli s.

урновáя с. urn model

сходúмость, f. convergence

стохастúческая с. stochastic c.

с. по вероя́тности stochastic c., c. in probability

с. почтú навéрное almost sure c.

сцéпленный, adj. linked, chained

с.-ые блóки l. blocks

счёт, m. calculation, computation, counting, reckoning, accounting

счётная линéйка slide rule

счётная машúна calculator

счётный билéт enumeration card, enumeration form

счетовóдство, n. accountancy, bookkeeping

счётчик, m. enumerator, calculator

съём, m. output; removal; sampling

съёмка, f. survey

сырьё, n. raw material(s)

сырьевóй, adj. raw, of raw materials

Т

тáбель, m. table

таблúц/а, f. table, chart

переводная т. translation t.

расчётная т. computation t.

составнáя т. aggregate c.

т. вы́борочных приёмочных плáнов sampling acceptance t.

т. дожú/тия (-вáния) life t.

т. допускáемого брáка lot tolerance t.

т. пересчёта t. of conversion

т. плáнов вы́борочных исслéдований sampling t.

т. приёмочных плáнов acceptance t.

т. распределéния чúсленностей frequency t.

т. с двойны́м вхóдом double entry t.; two way layout

т. случáйных чúсел t. of random numbers

т. смéртности mortality t.

т. сопряжённости прúзнаков contingency t.

четырехпóльная т. four-fold t.

шаг т.-ы spacing of a t.

таблúчн/ый, adj. tabular, table

т.-ое значéние t. value

т. мéтод t. procedure

табулúрование, n. tabulation

табуляграмма, f. tabulated form

тасовáние (карт), n. (card) shuffle

тасóвка, f. shuffling

тау τ, tau

текýщий, adj. current; continuous

т.-ая ценá current price

т. учёт continuous survey

телефонúя, f. telephone problems

темп, m. rate, tempo

т. рóста r. of increase

тендéнци/я, f. trend (see also тренд, уровень)

вековáя т. secular t.

показáтель цéнтра т.-и measure of central t.

теорéма, f. theorem

предéльная т. limit t.

т. Бернýлли Bernoulli t.

т. возвращéния recurrence t.

т. де́йствующая на всей оси́   t. valid for the whole axis

т. о возвраще́нии   recurrence t.

т. о минима́ксе   minimax t.

т. Муа́вра-Лапла́са   Moivre-Laplace t.

т. сложе́ния норма́льно распределённых случа́йных величи́н   normal addition t.

т. Пуассо́на   Poisson t.

центра́льная преде́льная т.   central limit t.

эргоди́ческая т.   ergodic t.

теоре́тико-вероя́тностный, adj.   probability-theoretic

тео́рия, f.   theory

т. вероя́тностей   probability t.

т. восстановле́ния   renewal t.

т. вы́борочного контро́ля   sampling (control) t.

т. вы́борочного ме́тода   sampling (method) t.

т. заме́ны (обору́дования)   replacement t.

т. ма́ссового обслу́живания   queueing t.

т. обуче́ния   learning t.

т. оце́нок   estimation t.

т. очереде́й   queueing t.

т. оши́бок   t. of errors

т. погре́шностей   t. of errors

т. размеще́ния   occupancy t., allocation t.

т. реше́ний   decision t.

т. статисти́ческих реше́ний   statistical decision t.

т. структу́р   structure t.

т. упоря́дочения   sequencing t.

т. управле́ния запа́сами   inventory t., inventory control

т. це́нностей   value t.

территориа́льн/ый, adj.   territory, territorial

т.-ая вы́борка   area sample

террито́рия, f.   territory, area

те́сное каса́ние   high contact

те́сность, f.   closeness

теснота́, f.   closeness

т. свя́зи   c. of relationship

тест, m.   test, criterion (see крите́рий)

регуля́рно-меня́ющийся т.   regularly-varying t.

т. временно́й обрати́мости   time reversal t.

т. кругово́й сходи́мости   circular t.

т. обрати́мости фа́кторов   factor reversal t.

тестово́й, adj.   test

тече́ние, n.   flow, trend, stream

т. игры́   course of a game

тип, m.   type, model; stratum (in stratified sample)

игрово́й т.   game-t.

типи́чный, adj.   typical, peculiar; representative

типово́й, adj.   standard, typical

типологи́ческая вы́борка   stratified sample

това́р, m.   commodity, article, goods

т.-ы дли́тельного по́льзования   durable goods

тожде́ственное преобразова́ние   identical transformation

тожде́ственность, f.   identity

то́ждество, n.   identity

толера́нтность, f.   tolerance

толера́нтн/ый, adj.   tolerance

т.-ые преде́лы   t. limits (see допусти́мые п.-ы)

толчо́к, m.   impact, push

торг, m.   bargaining; competitive bidding

    реше́ние с т.-ами b. solution

торго́вля, f.   trade, commerce

торго́вый оборо́т   trade turnover, trade exchange

то́чечн/ый, adj.   point, pointwise, dot

    т.-ая диагра́мма d. diagram

    т. пункти́р d. line

то́чк/а, f.   point, dot

    вы́борная т. p. of a sample space, sample p.

    проце́нтные т.-и percentage p.'s

        вы́сшие п. т.-и upper p. p.'s

        ни́зшие п. т.-и lower p. p.'s

    сре́дняя т. centroid, midpoint

    стратеги́ческая т. strategic p.

    т. отсчёта p. of reference

    т. равнове́сия equilibrium p.

    т. с наиме́ньшей су́ммой расстоя́ний от за́данных то́чек median center (*lit.* point with the least sum of distances from given points)

    чужеро́дная т. outlier, outlying observation

то́чност/ь, f.   precision, accuracy, exactness

    вну́треняя т. intrinsic a.

    мо́дуль т.-и modulus of p.

    относи́тельная т. relative p.

    т. измере́ний a. of measurement

    т. наблюде́ний a. of observation

    т. приближе́ния goodness of fit

то́чн/ый, adj.   exact, accurate

    т.-ые да́нные a. data

    т. поря́док proximate order

траекто́рия, f.   trajectory, orbit

    вы́борочная т. sampling path

транспони́рованный, adj.   transposed

тра́нспорт, m.   transport, traffic

    поступа́ющий т. incoming traffic

тра́нспортн/ый, adj.   transportation, transporting

    т.-ая зада́ча transportation problem

    т.-ая зада́ча с ограниче́ниями по пропускно́й спосо́бности capacitated Hitchcock problem

    т.-ое движе́ние traffic flow

    т. пото́к (на магистра́ли) (road) traffic flow

тра́ффик, m.   traffic

тре́бование, n.   demand, claim, requirement

трево́га, f.   alarm

    ло́жная т. false a.

тренд, m.   trend (see also **уровень**)

тре́тий, adj.   3rd—third

трёхме́рный, adj.   three-dimensional, trivariate

трёхси́гмавый, adj.   three-sigma

трёхсо́тый, adj.   300th—three hundredth

трёхты́сячный, adj.   3,000th—three thousandth

трёхфа́кторный, adj.   three-factor

три, num.   3—three

три́дцать (тридца́тый), num. (adj.) 30—thirty (30th—thirtieth)

три́жды, adv.   thrice

трина́дца/ть (-тый), num. (adj.) 13—thirteen (13th—thirteenth)

триномиа́льный, adj.   trinomial

три́ста, num.   300—three hundred

три ты́сячи, num.   3,000—three thousand

трихото́мия, f.   trichotomy

тро́йка, f.   triple, set of three, triad

труд, m.   labor, work

    затра́та живо́то т.-а́ l. input, l. requirement

    производи́тельность т.-а́ l. productivity

    стати́стика т.-а́ l. statistics

тру́дный, adj. difficult, hard
трудовы́е ресу́рсы labor force
ты́сяча, num. 1,000—one thous-
    and

ты́сячный, adj. 1,000th—one thous-
    andth
ты́сяча сто, num. 1100—eleven
    hundred

У

убива́ющ/ий, adj. killing
  у.-ая ме́ра k. measure
уве́ренность, f. certainty, confidence
уга́дывание, n. guessing
удалённый, adj. outlying, distant, re-
    mote; removed
удво́енный, adj. doubled, two-fold
уде́льный вес specific weight, density;
    share
удо́бный, adj. convenient, appropri-
    ate, proper
уже́, adv. already, now
у́же, adj. narrower
ужесточе́ние (контро́ля) tightening (of
    an inspection)
у́зк/ий, adj. narrow
  у.-ое ме́сто bottleneck
  у. смысл n. sense
уклоне́ние, n. deviation, deviate
  большо́е у. large deviation
укомплектова́ние, n. staffing
улучше́ние, n. improvement, refine-
    ment
  у. сходи́мости путём возведе́ния в
    сте́пень acceleration of conver-
    gence by powering
улу́чшенная оце́нка improved esti-
    mate
уменьше́ние оши́бки reduction of
    error
универса́льный, adj. universal, over-
    all

унимодуля́рный, adj. unimodular
униформный, adj. uniform
уничтоже́ние, n. elimination, annihila-
    tion, destruction
упоря́дочение, n. ordering, ranking
упоря́доченн/ый, adj. ordered
  у.-ая вы́борка o. sample
упоря́дочивать (упоря́дочить), v. to
    order
употребле́ние, n. use, utilization; ap-
    plication
управле́ние, n. management, con-
    trol
упражне́ние, n. exercise
упроща́ть (упрости́ть), v. to simplify
упроще́ние, n. simplification
уравне́ние, n. equation
  коне́чно-ра́зностное у. e. in finite
    differences
  норма́льное у. normal e.
  у. Колмого́рова-Чэ́пмана Chap-
    man-Kolmogorov e.
  у. оптима́льного управле́ния за-
    па́сами optimal inventory e.
  у. правдоподо́бия likelihood e.
  у. сре́дних соотноше́ний e. of aver-
    age relationship
ура́внивание, n. rectification, smooth-
    ing; equalization
уравнове́шенн/ый, adj. balanced (see
    also сбаланси́рованный)
  у.-ая вы́борка b. sample

у. некомпле́ктный блок   incomplete b. block

уравнове́шивание, n.   balancing, equilibration, off-setting

уре́занный, adj.   truncated, cut

уре́зывание, n.   curtailment, truncation

у́рна, f.   urn

урнова́я схе́ма   urn model

у́ровень, m.   level, base; trend; standard

   веково́й у.   secular t.

   довери́тельный у.   confidence l.

   лине́йный у.   linear t.

   ли́ния у.-я   l. line, l. curve

   пове́рхность у.-я   l. surface, equipotential surface

   у. жи́зни   s. of living

   у. запа́сов   stock l.

   у. значи́мости   significance l., confidence l.

   у. контро́ля   inspection l.

   у. крити́ческой о́бласти   size of the critical region

   у. фа́ктора   l. of a factor

   у. цен   price l.

урожа́й, m.   yield

усече́ни/е, n.   truncation

   то́чка у.-я   point of t.

усече́нный, adj.   truncated, censored, cut off

уси́ленный, adj.   reinforced, strengthened, amplified

   у. зако́н больши́х чи́сел   strong law of large numbers

   у. план   r. design

уси́лить (уси́ливать), v.   to strengthen

усло́вие, n.   condition, term, requirement, specification

   приёмочное у.   acceptance s.

   стаби́льное у. произво́дства   stabilized production c.

   стесни́тельное у.   restrictive c.

   техни́ческое у.   engineering s.

   у. ка́чества   quality s.

   у. максима́льности   maximum c.; ascending chain c.

   у. минима́льности   minimum c.; descending chain c.

усло́вн/ый, adj.   conditional; prearranged; conventional

   у.-ая вероя́тность   conditional probability

   у.-ая диспе́рсия   conditional variance

   у.-ая зона́льная стати́стика   conditional regional statistic

   у.-ое математи́ческое ожида́ние   conditional expectation

   у.-ое распределе́ние   conditional distribution

   у.-ое сре́днее   conditional mean

   у.-ые зна́ки   conventional signs, legend

услу́га, f.   service

успе́х, m.   success

усредне́ни/е, n.   average, averaging

   при́нцип у.-я   principle of averaging

   у. игры́   mixed extension of a game

усреднённый, adj.   averaged

усредня́ть, v.   to average

устаре́вший, adj.   obsolete, out of date

устаре́ние населе́ния   aging of population

усто́йчивость, f.   stability, balance; robustness

   лока́льная у.   local s.

усто́йчивый, adj.   stable; robust

   у. зако́н (распределе́ния)   s. (distribution) law

устране́ние, n.   removal, elimination

устро́йство, n.   equipment, device, arrangement; array (in Bose' theory of factorial design)

обслу́живающее у. server
сгла́живающее у. smoothing d.
утвержде́ние, n. assertion, statement
уточне́ние, n. correction, refinement,
    more precise definition
утро́енный, adj. tripled
ухо́д, m. maintenance; departure
уча́сток, m. part, section, locality,
    plot, position

элемента́рный квадра́тный у. quad
учёт, m. record, recording, account-
    ing (sometimes used as statistics)
единовре́менный у. survey,
операти́вно-техни́ческий у. record-
    ing of operational engineering,
    industrial statistics
учётн/ый, adj. accounting, reporting
    у.-ая ста́вка discount rate

Ф

фа́з/а, f. phase
    измене́ние ф.-ы p. change
    ра́зность фаз p. difference
    спра́вочная ф. оживле́ния reference
        expansion p.
    спра́вочная ф. сжа́тия reference
        contraction p.
    ф. оживле́ния ци́кла p. of cycle ex-
        pansion
    ф. сжа́тия ци́кла p. of cycle con-
        traction
факт, m. fact
факти́ческ/ий, adj. factual; actual
    ф. приро́ст a. increase
    ф.-ое число́ a. number; f. data
фа́ктор, m. factor, coefficient
    веково́й ф. secular f.
    просто́й ф. prime f.; common f.
    у́ровень ф.-а level of a f.
факториа́л, m. factorial
факториа́льн/ый, adj. factorial
    ф. моме́нт f. moment
фа́кторн/ый, adj. factorial, factor
    ф.-ая ма́трица factor matrix
    ф. план factorial design
    ф. экспериме́нт factorial experiment
фидуциа́льный (интерва́л) fiducial (in-
        terval)

фикси́рованн/ый, adj. fixed, specified,
    constant
    ф.-ое распределе́ние s. distribution
фикти́вная величина́ fictitious vari-
    able, dummy variable
фильтра́ция, f. filtration
фина́льный, adj. final, limiting
фина́нсы, (pl.) finances
фи́шка, f. counter, fish, chip (in a
    game)
флуктуа́ция, f. fluctuation
    ф. сто́имости cost f.
фон, m. background
фонд, m. fund, asset
фо́рма, f. form
формирова́ние групп formation of
    groups
фо́рмула, f. formula
    приведённая ф. reduced f.
    ф. Сти́рлинга Stirling's f.
формуля́р, m. registry card, registry
    list, data card
функциона́льн/ый, adj. functional
    ф.-ая зави́симость f. dependence
    ф.-ая связь f. connection, f. relation
фу́нкция, f. function
    автокорреляцио́нная ф. autocorre-
        lation f.

вероя́тностная **ф.** distribution f., probability f.

весова́я **ф.** weight f., weighing f.

дискримина́нтная **ф.** discriminant f., discriminator f.

квадрати́чная **ф. поте́рь** quadratic loss f.

классифици́рующая **ф.** discriminant f., discriminator f.

конфлюэ́нтная (конфлюе́нтная) гипергеометри́ческая **ф.** confluent hypergeometric f.

минима́льная реша́ющая **ф.** minimal decision f.

непо́лная бе́та **ф.** incomplete Beta f.

непо́лная га́мма **ф.** incomplete Gamma f.

нулева́я **ф.** null f., zero f.

нуль-**ф.** null f., zero f.

обра́тная **ф.** inverse f.

объекти́вная **ф.** objective f.

оце́ночная **ф.** estimator

после́довательная **ф. ри́ска** sequential risk f.

производя́щая **ф.** generating f.

производя́щая **ф. моме́нтов** moment generating f.

производя́щая **ф. семиинвариа́нтов** cumulant generating f.

псевдослуча́йная **ф.** pseudorandom f.

рандомизи́рованная реша́ющая **ф.** randomized decision f.

реша́ющая **ф.** decision f.

скачкообра́зная **ф.** jump f.

случа́йная **ф.** random f.

совме́стная **ф.** joint f.

спектра́льная **ф.** spectral f.

ступе́нчатая **ф.** step f.

тестова́я **ф.** test f.

тетрахори́ческая **ф.** tetrachoric f.

ф. вы́годы utility f.

ф. вы́игрыша payoff f.

ф. и́стинности truth f.

ф. мо́щности power f.

ф. мо́щности двусторо́ннего крите́рия power f. of two-sided test

ф. мо́щности односторо́ннего крите́рия power f. of one-sided test

ф. оборо́та return f.

ф. оконча́тельных реше́ний terminal decision f.

ф. отве́та response f.

ф. пло́тности density f.

ф. поте́рь loss f.

ф. предложе́ния supply f.

ф. распределе́ния distribution f.

ф. расхо́дов cost f.

ф. реше́ния decision f.

ф. ри́ска risk f.

ф. скачко́в step f., jump f.

ф. сле́дования succession f.

ф. спро́са demand f.

ф. сто́имости cost f.

ф. то́ка stream f.

ф. частоты́ frequency f.

ф. штра́фов penalty f.

характеристи́ческая **ф.** characteristic f.

хребтова́я **ф.** ridge f.

четырёхкле́точная **ф.** tetrachoric f.

эксцесси́вная **ф.** excessive f.

X

хара́ктер, m. character, nature

характериза́ция, f. characterization

характери́стика, f. characteristic, property; degree, measure вы́борочная х.   statistic

операти́вная х.   operating c. (ОС)

поря́дковая х.   order c., order statistic

рабо́чая х.   operating c. (ОС)

ра́нговая х.   rank c., order c.

статисти́ческая х.   statistical c., statistic

х. вы́борки   sample c., statistic

х. эксце́сса   m. of excess, kurtosis

эксплуатацио́нная х.   operating c. (ОС)

хара́ктерный, adj.   characteristic, typical, specific, distinctive

характеристи́ческ/ий, adj.   characteristic

х.-ая фу́нкция   c. function

хара́ктерность, f.   characteristic

хвост, m.   tail, remainder; line, queue

х. распределе́ния   t. of the distribution; t. area

хи-квадра́т, m.   chi-square

коэффицие́нт х.-к.   c.-s. coefficient

распределе́ние х.-к.   c.-s. distribution

ход, m.   move, run, course; operation; progress, process, motion

ли́чный х.   personal move (in a game)

нача́льный х.   opening move

пе́рвый х.   lead (in a game)

случа́йный х.   chance move

характеристи́ческий х.   characteristic move

х. произво́дства   productive process

ходи́ть в масть, i.   to follow suit, to return (in cards)

хозя́йственный план   economic plan

хозя́йство, n.   economy

холосто́й, adj.   idle, dummy, empty; unmarried, single

хране́ние, n.   storage, storing

хребтова́я (фу́нкция)   ridge (function)

хронологи́ческ/ий, adj.   chronological

х.-ая сре́дняя   c. average

х. поря́док   c. order

хронометра́ж, m.   time-study

Ц

це́лое, n.   integer; the whole

целочи́сленн/ый, adj.   integer-valued

ц.-ая решётка   square lattice

це́л/ый, adj.   whole, entire; integral

ц.-ое положи́тельное число́   positive integer

цель, f.   target, purpose, aim

цен/а́, f.   cost, price, value (see also сто́имость)

ана́лиз цен   c. analysis

ве́ктор цен   p. vector

ве́рхняя чи́стая ц.   upper pure v.

дина́мика ц.   p. behavior

ни́жняя чи́стая ц.   lower pure v.

опто́вая ц.   wholesale p.

ры́ночная ц.   market p.

сниже́ние ц.-ы   depreciation, price-cutting

това́рная ц.   commodity p.

ц. вы́борки   c. of a sample

ц. едини́цы   unit p., p. per unit

ц. игры́   v. of a game

ц. себесто́имости   prime cost p.

ценз, m.   census; qualification

цензури́рование, n.   censoring

цензури́рованн/ый, adj.   censored

односторо́нне ц. singly c.
ц.-ая вы́борка c. sample
ц. све́рху c. above
ц. сни́зу c. below
це́нность, f. value
  де́нежная ц. monetary v., dollar v.
центр, m. center, midpoint
  ц. вы́борки c. of sample
центра́льн/ый, adj. central
  ц.-ая преде́льная теоре́ма c. limit
    theorem
  ц.-ая тенде́нция c. tendency
  ц. моме́нт c. moment
центри́ровать, v. to center; centralize
цепь, f. chain, network
  абсорби́рующая ц. absorbing c.
  ацикли́ческая ц. acyclic c.
  бесконе́чно-усложня́ющаяся ц. in-
    finitely complicated c.
  вло́женная ц. imbedded c.
  возвра́тная ц. recurrent c.
  вполне́ регуля́рная ц. completely
    regular c.
  иррегуля́рная ц. irregular c.
  коне́чная ц. finite c.
  моноцикли́ческая ц. monocyclic c.
  ненастоя́щая ц. improper c.
  непериоди́ческая ц. non-periodic c.
  неразложи́мая ц. irreducible c.
  остана́вливающаяся ц. (Ма́ркова)
    absorbing (Markov) c.
  полицикли́ческая ц. polycyclic c.
  положи́тельно регуля́рная ц. posi-
    tively regular c.
  разложи́мая ц. reducible c.

  регуля́рная ц. regular c.
  спра́вочная ц. reference c.
  усто́йчивая ц. stable c.
  ц. бесконе́чного поря́дка c. of in-
    finite order
  ц. Ма́ркова Markov c.
  ц. размноже́ния multiplication c.
  ц. с по́лными свя́зями c. with com-
    plete connections
  эргоди́ческая ц. ergodic c.
цепн/о́й, adj. chain
  ц.-а́я корреля́ция c. correlation
  ц. и́ндекс c. index
  ц. проце́сс c. process
цепо́чечный и́ндекс chain index
цикл, m. cycle; series
  вы́сшая то́чка ц.-а peak of a c.
  незави́симые ц.-ы disjoint c.'s, in-
    dependent c.'s
  ни́зшая то́чка ц.-а trough of a c.
  спра́вочный ц. reference c.
  ста́дия ц.-а c. stage
  ц. движе́ния вперёд forward-type c.
цикли́ческ/ий, adj. cyclic(al)
  ц.-ое измене́ние c. change
циркуля́р, m. circular
ци́фры, (pl.) figures, digits
  знача́щие ц. significant f.
  контро́льные ц. planned/scheduled f.
  опублико́ванные ц. published f.
цифров/о́й, adj. numerical, digital
  ц.-ы́е да́нные n. data, figures
ЦСУ (Центра́льное Статисти́ческое
  Управле́ние), abbr. Central
  Statistical Board

Ч

части́ца, f. particle, fraction
части́чно, adv. partially, partly

  ч. сбаланси́рованный план непо́лных
    бло́ков partially balanced in-
    complete block design

части́чн/ый, adj.   partial, fractional

  ч.-ая совоку́пность   sample, sampling population

  ч.-ое повторе́ние   f. replication

ча́стн/ый, adj.   partial; private; marginal

  ч.-ое распределе́ние   m. distribution

ча́стость, f.   relative frequency

частот/а́, f.   frequency, absolute frequency

  абсолю́тная ч.   absolute f.

  нако́пленная ч.   cumulative f.

  относи́тельная ч.   relative f.

  ч. кла́сса   cell f., class f.

  ч. попада́ния в класс   class f.

  фу́нкция ч.-ы́   f. function

  часто́ты числа́ отсчётов   f. counts

частотогра́мма, f.   periodogram

часть, f.   part, portion, share

чебышёвский, adj.   Chebyshev, pertaining to Chebyshev

чередова́ние, n.   alterance, interchange, rotation

  ч. очереде́й   queue a.

чередова́ть(ся), v.   to alternate, interchange; take turns

чертёж, m.   figure, drawing, draft, sketch

чёрточка, f.   dash, short bar

чёт и не́чет   odd and even (*lit.* even and odd)

четверти́чный, adj.   quaternary

четвёртый, adj.   4th—fourth

чётность, f.   parity, evenness

  прове́рка на ч.   p. check

чётный, adj.   even

четы́ре, num.   4—four

четы́режды, adv.   fourtime

четы́реста, num.   400—four hundred

четырёхкра́тный, adj.   fourfold

четырёхсо́тый, adj.   400th—four hundredth

четы́рнадца/ть (-тый), num. (adj.)   14—fourteen (14th—fourteenth)

чи́сленност/ь, f.   frequency, numbering, number, count

  непропорциона́льные ч.-и в подкла́ссах   disproportionate subclass numbers

  ч. вы́борки   sample size

  ч. населе́ния   number of inhabitants

чи́сленный, adj.   numerical, quantitative

числ/о́, n.   number, quantity; date

  брако́вочное ч.   rejection n.

  допусти́мое ч. дефе́ктных изде́лий в вы́борке   acceptance n. (of defectives in a sample)

  квалифици́рующее ч.   acceptance n.

  норма́льное ч.   normal n.

  получе́ние случа́йных чи́сел   generation of random n.'s

  предпочти́тельное ч.   preferred n.

  приёмочное ч.   acceptance n.

  псевдослуча́йные ч.-а   pseudorandom n.'s

  случа́йные ч.-а   random n.'s

  сре́дним ч.-о́м   on an average

  уси́ленный зако́н больши́х чи́сел   strong law of large n.'s

  це́лое положи́тельное ч.   positive integer

  ч. дефекти́вных изде́лий   n. of defectives

  ч. дожи́тий   n. of survivings

  ч. степене́й свобо́ды   n. of degrees of freedom

числово́й, adj.   numerical

чи́стка простра́нства элемента́рных собы́тий   restriction of the space of elementary events

чист/ый, adj.   pure, clean, net

  ве́рхняя ч.-ая цена́   upper p. value

  ни́жняя ч.-ая цена́   lower p. value

ч.-ая корреля́ция   р. correlation
ч.-ая проду́кция   n. output
ч.-ая страте́гия   р. strategy
ч.-о прерывно́й   р. discontinuous
ч. вес   р. weight
ч. коэффицие́нт   n. rate
ч. коэффицие́нт рожда́емости   n. birth rate

член, m.   member, term
кра́йний ч.   extreme t.
сре́дний ч.   mean t.
ч. пропо́рции   t. of a proportion
ч. семьи́   m. of a family
чувстви́тельность, f.   sensitivity
чужеро́дност/ь, f.   alienation
коэффицие́нт ч.-и   coefficient of a.

Ш

шабло́н, m.   pattern, model
шаг, m.   step; iteration (in an approximation process)
   ш. табли́цы   spacing of a table
ша́говый, adj.   step, step-type
шанс, m.   chance
шар, m.   sphere, ball
ше́ннонский, adj.   Shannon, pertaining to Shannon
ше́нноновский, adj.   Shannon, pertaining to Shannon
шестидеся́тый, adj.   60th—sixtieth
шестисо́тый, adj.   600th—six hundredth
шестна́дца/ть (-тый), num. (adj.)   16—sixteen (16th—sixteenth)
шесто́й, adj.   6th—sixth
шесть, num.   6—six
шестьдеся́т, num.   60—sixty
шестьсо́т, num.   600—six hundred
ширина́ преде́лов до́пуска   (width of) tolerance range, specification range
ширина́ полосы́   band width
широта́, f.   width; breadth, range, latitude
   се́ми-интеркварти́льная ш.   semi-interquartile r.

   ш. распределе́ния   r. of a distribution
шифр, m.   code, cipher
шифрова́ть, v.   to codify
шкала́, f.   scale
   сравни́тельная ш.   s. of comparison
   ш. вероя́тностей   probability s.
   ш. отноше́ний   ratio s.
   ш. ро́ста   s. of increase
   ш. сниже́ния   s. of decrease
штанда́рт, m.   standard; standard deviation
штраф, m.   fine, penalty
штрих, m.   dash line, stroke; prime
   двойно́й ш.   double p.
   ш.-пункти́р   dot-dash line
штрихова́ть, v.   to shade, hatch
   ш. перекрёстными штриха́ми   to cross-hatch
шту́ка, f.   piece
   го́дная ш.   good p.
   него́дная ш.   defective p.
шум, m.   noise
   бе́лый ш.   white n.
шумово́й, adj.   noise, noisy

эвристи́ческий, adj. heuristic

эквивале́нт, m. equivalent

эквидиста́нтный, adj. equidistant

эквикоррели́рованный, adj. equicor-
related

эквипарти́ция, f. equipartition

экземпля́р, m. piece, copy number,
issue; sample

эконо́метрика, f. econometrics

эконо́мика, f. economics (as a branch
of science); economic system

эконо́мико-статисти́ческий, adj. of
economic-statistics

эконо́мист, m. economist

  э.-планови́к economic planner,
economic designer

экономи́чески самоде́ятельное населе́-
ние economically active population

эконо́мия, f. economy, saving; economics (as a branch of science)

эконо́мность ко́да efficiency of a code

экра́н, m. screen, barrier (see сте́нки,
барье́р)

  отража́ющий э. reflecting b.

  поглоща́ющий э. absorbing b.

  упру́гий э. elastic b.

экспериме́нт, m. experiment, trial (see
испыта́ние, о́пыт)

  бина́рный э. binary e.

  комбини́рованный э. combined e.

  объе́кт э.-а experimental unit

  результа́ты э.-а experimental results

  случа́йный э. random e.

  э. с разде́льными уча́стками split
plot e.

эксперимента́льный, adj. experimental

экспериме́нтатор, m. experimenter

эксплуатацио́нная испра́вность
operational readiness

эксплуата́ция, f. maintenance, ex-
ploitation, operation

экспоненциа́л, m. exponential

экспоненциа́льное распределе́ние exponential distribution

экстраполя́ция, f. extrapolation

экстре́м/а (-ум), f. (m.) extreme, ex-
tremum

экстрема́льн/ый, adj. extreme, ex-
tremum

  э.-ые значе́ния extreme values

эксце́сс, m. excess, kurtosis

  норма́льный э. normal k.

  с э.-ом бо́льше норма́льного leptokurtic

  с э.-ом ме́ньше норма́льного platykurtic

  э. пло́тности распределе́ния k. of a
frequency curve

эксцесси́вная фу́нкция excessive function

электронносчётная маши́на electronic
computer

элеме́нт, m. element, unit

  дефе́ктный э. defective u.

  перви́чный (недели́мый) э. primary
(undivisible) u.

  э. вероя́тности probability e.

  э. вы́борки sample u.

  э. вы́борочного пла́на plot (lit.
element of sampling design)

  э.-ы генера́льной совоку́пности
population members, population
values

элемента́рный, adj.　elementary, primary

　э. квадра́тный уча́сток　quad

　э.-ое собы́тие　p. event, e. event

элиминацио́нный, adj.　elimination, eliminating

э́ллипс, m.　ellipse

　э. рассе́яния　e. of concentration

эллипсо́ид постоя́нной диспе́рсии ellipsoid of constant variability

эмигра́ция, f.　emigration

эмигри́ровать, v.　to emigrate

эмпири́ческ/ий, adj.　empirical, empiric

　э.-ая вероя́тность　e. probability

энтропи́я, f.　entropy

энтропи́йн/ый, adj.　entropic, entropy

　э.-ая ско́рость　entropy rate

эргоди́ческ/ий, adj.　ergodic

　э.-ая теоре́ма　e. theorem

　э.-ое состоя́ние　e. state

эргоди́чность, f.　ergodicity

эрла́нговский, adj.　Erlangian

этало́нный, adj.　standard

эта́п, m.　stage, step

(по)эта́пный, adj.　stagewise

эффе́кт, m.　effect, response

　э. коне́чности　end e.

эффекти́вность, f.　efficiency; relative precision

　асимптоти́ческая э.　asymptotic e.

　э. крите́рия　e. of test

эффекти́вн/ый, adj.　efficient, effective

　э.-ая оце́нка　efficient estimate

Я

явле́ние, n.　appearance; occurrence, phenomenon

　ма́ссовое я.　mass p.

явля́ться (яви́ться), v.　to be, appear, present oneself

я́вный, adj.　explicit; obvious

ядро́, n.　kernel, core, nucleus

я. игры́　c. of a game

ярлы́к, m.　tag, label

　ме́тод ярлыко́в　tagging method (in sequential sampling)

яче́йка, f.　cell

я́щик, m.　box, case; drawer (of desk); container

Part II

Russian Reader in Statistics

Part II
Russian Reader in Statistics

This Russian Reader contains selected short sentences from Russian statistical literature and from publications of Western statisticians which were translated into Russian.

This Reader is not intended for use by a professional translator. The sentences in the translated language are often somewhat twisted in order to achieve word-by-word translation, and not only the style but, in some cases, the grammar has been necessarily sacrificed.

Terms and idiomatic expressions which cannot be translated word for word are underlined in both Russian and English, e.g. sample size, объём выборки. However, there are a few cases where the word-order does not exactly correspond; these are also underlined in both languages.

In addition, words appearing in parentheses ( ) or brackets [ ] have been added by this author in either or both languages to facilitate translation. Words found in one language only are indicated in the same manner.

If the source of the sentence is Russian, then the upper line will be in Russian; and if the source is English, vice versa.

1

Вероя́тность; случа́йные величи́ны; фу́нкции распределе́ния
Probability; Random Variables; Distribution Functions

Под ма́ссовыми явле́ниями мы понима́ем таки́е, кото́рые име́ют ме́сто
By   mass   phenomena we   mean   such   that   take place

в совоку́пностях большо́го числа́ объе́ктов,*   равнопра́вных
in   aggregates   of a large number of objects [that have] equal status

---

* The word объе́ктов (in the second line) is shifted here as compared to the Russian original in order to facilitate the word-for-word translation.

и́ли почти́ равнопра́вных, и [таки́е, кото́рые] определя́ются   э́тим
or almost equal status, and such   that   are determined   by this

ма́ссовым хара́ктером   явле́ния   и ли́шь в   незначи́тельной
mass   character of the phenomenon and only in   an insignificant

ме́ре зави́сят от приро́ды составля́ющих объе́ктов.
degree depend on the nature of the component   objects.

(From: Б. В. Гнеде́нко, *Курс тео́рии вероя́тностей*, Москва́, Физматиз-
да́т, 1961)

В у́рне име́ются *n* бе́лых, *m* чёрных и *l* кра́сных шаро́в,
In an urn there are *n* white, *m* black and *l*   red   balls

кото́рые извлека́ются науда́чу по одному́ с возвраще́нием
which   are drawn   at random <u>one by one</u> with replacement

по́сле ка́ждого извлече́ния.
after   each   drawing.

Какова́ вероя́тность что бе́лый шар бу́дет извлечён ра́ньше
What is the probability that a white ball will be drawn before

чёрного?
a black (one)?

An important step in   a statistical   analysis of a given   set
   Ва́жным   ша́гом в статисти́ческом ана́лизе за́данного мно́жества

of observations is   the mathematical formulation of the type
   наблюде́ний явля́ется математи́ческая формулиро́вка ви́да

of distribution   of the population.
распределе́ния в (генера́льной) совоку́пности.

(Reprinted and translated with permission from A. Hald, *Statistical Theory
with Engineering Applications*, Wiley & Sons, New York-London, 1952)

Таки́м о́бразом, возника́ет   зада́ча   изуче́ния   закономе́рностей
   Thus,   arises   the problem of investigating   the laws

**   сво́йственных су́ммам большо́го числа́ незави́симых**
that are characteristic of sums   of large number of independent

случа́йных величи́н, ка́ждая из кото́рых ока́зывает лишь ма́лое
random variables each of which exerts only a small

влия́ние на су́мму.
influence on the sum.

(From: Б. В. Гнеде́нко, *Курс тео́рии вероя́тностей*, Москва́, Физмат-
изда́т, 1961)

Из равноме́рно распределённых случа́йных величи́н мо́жно
From uniformly distributed random variables (we) can

получи́ть величи́ны, име́ющие практи́чески любо́й зако́н распределе́ния.
obtain variables which have practically any distribution law.

(From: Ю. А. Шре́йдер, *Ме́тод статисти́ческих испыта́ний*, Москва́,
Физматизда́т, 1962)

Распределе́ние, задава́емое фу́нкцией пло́тности $s_n(x)$ и́ли
The distribution defined by the frequency function $s_n(x)$ or

фу́нкцией распределе́ния $S_n(x)$ изве́стно под назва́нием
the distribution function $S_n(x)$ is known under the name

распределе́ния Стью́дента и́ли t-распределе́ния.
of Student distribution or the t-distribution.

(Reprinted with permission from *Russian-English Dictionary of the Mathe-matical Sciences*, by A. J. Lohwater, AMS, 1961)

Тео́рия пи́рсоновских преобразова́ний нахо́дит примене́ние для́
The theory of Pearson transformations can be applied for

конструи́рования случа́йных величи́н с за́данным
constructing stochastic variables with a given

зако́ном распределе́ния, бли́зким к зако́нам из
distribution law close to the (distribution) laws of

семе́йства Пи́рсона.
the Pearson family.

(From a paper by Л. Бо́льшев, "Some applications of Pearson transforma-tions" presented at the International Congress of Mathematicians, Stock-holm, 1962)

При большо́м объёме вы́борки n, **э́ти фу́нкции, вообще́ говоря́,**
For a large   sample size n, these functions, generally speaking,

бу́дут приближённо норма́льными (см. теоре́му 2.7.2).
will be approximately   normal   (see theorem 2.7.2).

(From: Ю. В. Ли́нник, *Ме́тод наиме́ньших квадра́тов и осно́вы тео́рии обрабо́тки наблюде́ний*, Москва́, Физматгиз, 1962)

The central   limit   theorem   asserts   that   as n increases,
Центра́льная преде́льная теоре́ма утвержда́ет что, при увеличе́нии n,

the distribution of the standardized   random   variable   asymptotically
распределе́ние стандартизи́рованной случа́йной величины́ асимптоти́чески

approaches   (to)   a normal   distribution.   As
приближа́ется к норма́льному распределе́нию. В ка́честве

an application of the central   limit   theorem   consider
приложе́ния центра́льной преде́льной теоре́мы рассмо́трим

the problem of random   walk   on a straight   line.
зада́чу случа́йного блужда́ния на прямо́й (ли́нии).

(Reprinted and translated with permission from F. M. Reza, *An Introduction to Information Theory*, McGraw-Hill Book Company, 1961)

Одна́ из наибо́лее о́бщих фо́рм центра́льной преде́льной теоре́мы
One   of the most   general forms of the central   limit   theorem

была́ дока́зана А. М. Ляпуно́вым в 1900 г. Для
was   proved   by A. M. Lyapunov in 1900.   For

доказа́тельства свое́й теоре́мы А. М. Ляпуно́в со́здал
the proof   of his theorem A. M. Lyapunov originated

специа́льный и весьма́ мо́щный ме́тод — ме́тод
a special   and highly powerful method — the method

характеристи́ческих фу́нкций. Теоре́ма Ляпуно́ва примени́ма
of characteristic   functions. Lyapunov's theorem is applicable

не то́лько к непреры́вным, но и к преры́вным случа́йным
not only   to   continuous   but also to   discrete   random

величи́нам.
variables.

(From: Е. С. Ве́нтцель, *Тео́рия вероя́тностей*, Москва́, Физматгиз, 1958.)

2

Описа́тельная стати́стика

Descriptive Statistics

Определе́ние предме́та стати́стики
A definition of the subject of statistics

Стати́стика самостоя́тельная обще́ственная нау́ка.   Она́ изуча́ет
Statistics is an independent   social   science.   It   studies

коли́чественную сто́рону ма́ссовых обще́ственных явле́ний   в
the quantitative aspect of mass   social   phenomena in

неразры́вной   свя́зи   с   их   ка́чественной стороно́й,
indissoluble   connection with their qualitative   aspect;   (it)

иссле́дует коли́чественное выраже́ние закономе́рностей
investigates the quantitative expression of laws governing

обще́ственного разви́тия   в конкре́тных усло́виях   ме́ста   и
the social   development in   concrete conditions of space and

вре́мени. Стати́стика изуча́ет коли́чественную сто́рону
time.   Statistics studies the quantitative aspect

обще́ственного произво́дства в его́ еди́нстве производи́тельных сил
of social   production in its   unity   of productive   forces

и произво́дственных отноше́ний и   явле́ния   культу́рной
and relations of production   and the phenomena of the cultural

и полити́ческой жи́зни о́бщества.
and   political   life of society.

(This is a definition of *the subject of statistics* as adopted in March 1954 at
the Soviet "Scientific Conference on Problems of Statistics")

Необходи́мо   указа́ть исто́чник да́нных, включённых в табли́цу.
It is necessary to indicate the source of data   included   in a table.

Е́сли табли́ца взя́та   из   како́го-нибу́дь статисти́ческого сбо́рника,
If   a table is taken from   some   statistical   collection,

сле́дует ука́зывать его́ назва́ние, год   изда́ния,   страни́цу.
one should indicate   its   title,   year of publication, page.

Éсли табли́ца соста́влена на осно́ве не́скольких источни́ков,
If   a table   is compiled on the basis of several   sources,

на́до   перечи́слить все исто́чники . . .
one should enumerate all the sources . . .

(From: Б. Ц. Урланис, *Общая теория статистики*, Москва́, Госстатиз-
да́т, 1962)

In the second system   of coding   any   integer from 1 to 9
Во   второ́й   систе́ме коди́рования вся́кое це́лое   от 1 до 9

(may be) recorded by notching not more than two   holes,   and
отмеча́ется вырезанием не бо́лее чем двух отве́рстий, а

any   integer from 1 to 99 by notching not more than   four
вся́кое це́лое   от 1 до 99 вырезанием не бо́лее че́м четырёх

holes.
отве́рстий.

(Reprinted and translated with permission from A. Hald, *Statistical Theory
with Engineering Applications*, Wiley & Sons, New York–London, 1952)

Smoothing   of a frequency   polygon
Выра́внивание   полиго́на   чи́сленностей.

The area which   is cut   from   each   rectangle (is)
Пло́щадь, кото́рая отреза́ется от ка́ждого прямоуго́льника,

approximately equal to the area which   is added to by the curve to
приблизи́тельно равна́ пло́щади, кото́рая добавля́ется   криво́й   к

the rectangle.
прямоуго́льнику.

Deviations from the mean are independent of   computing origin.
Отклоне́ния от сре́днего   не зави́сят   от   нача́ла отсчёта.

The (root) mean-square deviation   may   be computed by making use
Сре́днее квадрати́ческое отклоне́ние мо́жет быть вы́числено   по

of the following formula.
сле́дующей   фо́рмуле.

However,   as   the population   mean   (is) usually   unknown,
Одна́ко,   <u>ввиду́ того́, что</u> генера́льное   сре́днее   обы́чно   неизве́стно,

the practical   value   of the largest   deviation (is)   far
практи́ческая це́нность наибо́льшего отклоне́ния значи́тельно

less   than that of the range.
ме́ньше   че́м разма́ха.

(The last four sentences are reprinted and translated with permission from F. C. Mills, *Statistical Methods*, 3rd Edition, Holt, Rinehart, and Winston, New York, 1955)

Вы́численные действи́тельные моме́нты, как и сле́довало ожида́ть,
The computed   actual   moments, as   it should be expected,

значи́тельно отлича́ются от   так называ́емых "испра́вленных"
significantly   differ   from the so called   "adjusted"

моме́нтов, полу́ченных с по́мощью э́тих попра́вок.   Бо́лее
moments   obtained   by   means   of these corrections.   More

удовлетвори́тельные результа́ты получа́ются при   внесе́нии   в
satisfactory   results   are obtained   by   introducing into

первонача́льные моме́нты   сле́дующих   попра́вок.
the initial   moments   the following   corrections.

(From: А. И. Ежов, *Выра́внивание и вычисле́ние рядо́в распреде́лений*, Москва, Госстатиздат, 1961)

Йндексы
Index numbers

В   отли́чие   таки́х буржуа́зных стати́стиков, как
<u>As distinguished</u> (from) such   bourgeois   statisticians,   as

И. Фи́шер, кото́рые подхо́дят к   пробле́ме   исчисле́ния   йндексов
I. Fisher,   who   approach   the problem of computation of indexes

как (к) форма́льно-математи́ческой пробле́ме, сове́тские стати́стики
as   a formal-mathematical   problem,   Soviet   statisticians

рассма́тривают и́ндексы пре́жде всего́ как   важне́йшие
regard   indexes   first of all as   the most important

экоми́ческие показа́тели. . . .
economic   indicators. . . .

(From an article by Н. Ряузов, in *Ве́стник Стати́стики*, 1959)

3

Статисти́ческие вы́воды;   тео́рия   оце́нок;
Statistical   Inference; Theory of Estimation;

прове́рка (статисти́ческих) гипо́тез
Testing   (of Statistical) Hypotheses

Основно́й вопро́с, кото́рый рассма́тривается в э́той главе́, мо́жет
The basic problem which   is considered in this chapter may

быть сформули́рован сле́дующим о́бразом: име́ются результа́ты
be   formulated   as follows: (we) have the results

не́скольких   измере́ний, каки́е случа́йные величи́ны (при э́том)
of several   measurements; which   random   variables

   наблюда́лись?
have been observed?

(From an article by Б. В. Гнеде́нко in *Тео́рия вероя́тностей и её приме-
не́ния*, Vol. IV, No. 2, 1959)

О́пытные   да́нные согласу́ются с   вы́водами   постро́енной
Experimental data   agree   with the deductions of the constructed

тео́рии, как пра́вило, лу́чше, чем (э́того) мо́жно бы́ло бы ожида́ть.
theory, as   a rule better   than   could have been expected.

(From: А. Я. Хи́нчин, *Математи́ческие ме́тоды тео́рии ма́ссового
обслу́живания*, Москва́, Изда́тельство Акаде́мии Нау́к СССР, 1955)

Мы ви́дели, что результа́т прове́рки гипо́тезы в значи́тельной
We have seen that the result of testing a hypothesis to a significant

ме́ре зави́сит от вы́бранного у́ровня значи́мости.   В на́шем
degree depends on the chosen   level of significance.   In   our

примѣре мы выбрали   5% уровень, считая тем самым практически
example we have chosen the 5% level,   thus (we) consider (as) practically

невозможными события, имеющие   вероятность 0.05.
impossible   the events which have   the probability 0.05.

(From: Н. В. Смирнóв и И. В. Дýнин-Баркóвский, *Краткий курс мате-*
матической статистики для технических приложéний, Москвá, Физматгиз, 1959)

Критéрий позволяет (нам) утверждáть, что   гипóтеза   не
A test   permits   (us)   to assert   that   the hypothesis   does not

противорéчит   óпытным   дáнным, éсли вероятность
contradict   the experimental   data   if   the probability

наблюдённого отклонéния от гипотетического
of the observed   deviation   from   the hypothetical

закóна (распределéния) великá, йли, что   гипóтеза   не согласýется
(distribution) law   is large,   or   that   the hypothesis   disagrees

с   óпытными   дáнными, éсли эта вероятность   малá.
with   the experimental   data   if   this probability (is) small.

(From: А. А. Свéшников и др., *Руковóдство для инженéров по решéнию*
задáч теóрии вероятностей, Ленингрáд, Судпромгиз, 1962)

Излагáются   статистические критéрии оснóванные на   теорéмах
Presented (are)   statistical   tests   based   on the theorems

Колмогóрова   и Смирнóва об эмпирических фýнкциях распределéния.
of Kolmogorov   and   Smirnov   on   empirical   distribution functions.

Излагáется   тáкже   критéрий Вáльда   и Вольфовица
Presented (here) as well (is)   the test   of Wald   and   Wolfowitz

провéрки   однорóдности   двух выборок.
for testing the homogeneity of two samples.

(From an article by Б. В. Гнедéнко in *Теóрия вероятностей и её применé-*
ния, Vol. IV, No. 3, 1959)

Согласова́ние произво́дит впечатле́ние удовлетвори́тельного и
The agreement   gives   the impression of a satisfactory one   and

опра́вдывающего вы́бор пара́болы (1).   Вопро́с встаёт
    justifying   the choice of parabola (1).   The question arises,

(о том), почему́ мы употребля́ем (и́менно) довери́тельный интерва́л
        why   we   use   the confidence   interval

(3), а не каки́е-ли́бо ины́е.   Ча́сто, одна́ко, наряду́ с
(3), and not   some   other(s).   Often, however, along with

несмещёнными оце́нками g_i для пара́метров α_i применя́ются
    unbiased   estimates g_i of parameters α_i,   (we) apply

асимптоти́чески несмещённые оце́нки.
    asymptotically   unbiased   estimates.

(From: Ю. В. Ли́нник, *Ме́тод наиме́ньших квадра́тов и осно́вы тео́рии обрабо́тки наблюде́ний*, Москва, Физматгиз, 1962)

Устано́вленный зако́н распределе́ния отноше́ния диспе́рсий
The established   law of distribution of the ratio of variances

случа́йных вы́борок из норма́льной совоку́пности позволя́ет
 of random samples from a normal   population   permits (us)

оцени́ть сте́пень расхожде́ния   двух вы́борок.
to estimate the degree of discrepancy (between) two   samples.

(From: А. М. Длин, *Математи́ческая стати́стика в те́хнике*, Москва́, Сове́тская Нау́ка, 1958)

Оце́нки наибо́льшего правдоподо́бия.
Maximum   likelihood   estimates.

Заме́тим, что таки́м о́бразом достига́ется ма́ксимум
We note that in this   way   (we) obtain the maximum

пло́тности вероя́тности вы́борки, но не "наивероя́тнейшее значе́ние",
of the sample probability density, but not "the most probable   value"

о кото́ром говори́тся в ста́рых уче́бниках.
about which is spoken in old   textbooks.

(From: Ю. В. Ли́нник, *Ме́тод наиме́ньших квадра́тов и осно́вы тео́рии обрабо́тки наблюде́ний*, Москва́, Физматгиз, 1962)

При вы́воде э́тих оце́нок испо́льзуегся ограни́ченность случа́йных
In deriving these estimates, (we) have used the boundedness of the random

величи́н x_{ij}, поэ́тому они́ ма́ло приго́дны для изуче́ния
variables x_{ij}; therefore they (are) not well suitable for the study

асимптоти́ческого поведе́ния $f(x)$ при $R \to \infty$.
of the asymptotic behavior of $f(x)$ as $R \to \infty$.

(From an article by И. В. Романо́вский, in *Теория вероятностей и её
применения*, Vol. VI, No. 4, 1959)

В ка́честве конкури́рующих гипо́тез, по отноше́нию к кото́рым
As competing hypotheses in relation to which

предлага́емый крите́рий ока́зывается состоя́тельным, мы бу́дем
the proposed test turns out (to be) consistent we shall

рассма́тривать все гипо́тезы H_1, согла́сно кото́рым хотя́ бы для
consider all hypotheses H_1 according to which for at least

одно́й па́ры (i, j) име́ет ме́сто нера́венство (2).
one pair (i, j) holds the inequality (2).

(From an article by Е. А. Бава́ров и П. Ф. Беля́ев, in *Теория вероятностей
и её применения*, Vol. VI, No. 4, 1959)

Сле́довательно с вероя́тностью 0.9 бу́дет вы́явлена
Hence with probability 0.9 it will be detected

непра́вильность проверя́емой гипо́тезы, как то́лько действи́тельная
the incorrectness of the tested hypothesis as soon as the true

сре́дняя величина́ распределе́ния откло́нится от
mean value of the distribution will deviate from

гипотети́ческой на 1.1 станда́ртного отклоне́ния в любу́ю
the hypothetical (one) by 1.1 of the standard deviation in either

сто́рону.
side.

(From: Я. Янко, *Математико-статистические таблицы*, Москва́,
Госстатизда́т, 1961)

4

Теория выборочного метода; планирование экспериментов
Sampling Theory;   Design of Experiments

Two-stage   sampling (is) very   common   in   industry
Двухступéнчатый   вы́бор   óчень распространён в промы́шленности,

where   the items to be sampled   often   appear   in bales,
где   подлежáщие вы́бору издéлия чáсто выпускáются в тюкáх,

sacks,   boxes,   or   similar   containers   which
мешкáх,   я́щиках и   подóбных вмести́лищах (контéйнерах), котóрые

may be   used   as   primary sampling units.
мóжно испóльзовать в кáчестве вы́борочных едини́ц пéрвого поря́дка.

(Reprinted and translated with permission from A. Hald, *Statistical Theory
with Engineering Applications*, Wiley & Sons, New York–London, 1952)

    A sequential sampling plan   is   the better   the smaller the risk r(θ)
План послéдовательной вы́борки   тем лу́чше, чем мéньше   риск   r(θ)

and the smaller   the expected value   of the number
  и   чем мéньше математи́ческое ожидáние   числá

of observations.
наблюдéний.

(Reprinted and translated with permission from A. Wald, *Sequential Analysis*,
Wiley & Sons, New York–London, 1950)

The sample size   necessary   to   obtain   a predetermined
Объём вы́борки, необходи́мый для получéния   зáданной

standard   error of the mean depends on σ, which   generally
стандáртной оши́бки срéднего, зави́сит от σ, котóрое обы́чно

is unknown.
неизвéстно.

The factorial   experiment yields an estimate of the interaction
Фактори́альный эксперимéнт позволя́ет оцени́ть взаимодéйствие

of the factors which is excluded   by   the classical   design
фа́кторов,   что   невозмо́жно при класси́ческом пла́не

of the experiment.
экспериме́нта.

(Reprinted and translated with permission from A. Hald, *Statistical Theory with Engineering Applications*, Wiley & Sons, New York–London, 1952)

5

Тео́рия игр

Theory of Games

Це́лью   тео́рии   игр   явля́ется вы́работка
The object of the theory of games   is   the elaboration

рекоменда́ций   для разу́много поведе́ния игроко́в в конфли́ктных
of recommendations for reasonable behavior of players in   conflicting

ситуа́циях, т. е. определе́ние "оптима́льной   страте́гии" (для) ка́ждого
situations, i.e. the definition of "the optimal   strategy", for each one

из них.
of them.

(From: Е. С. Ве́нтцель, *Элеме́нты тео́рии игр*, Москва́, Физматгиз, 1961)

Player P_1, wishing   to maximize $M(x, y)$, will choose $x = 1$ and
Игро́к P_1, жела́я обеспе́чить ма́ксимум $M(x, y)$, вы́берет $x - 1$ и

P_2 in order   to minimize $M(x, y)$ (will) also   choose $y = 1$.
P_2 чтобы обеспе́чить ми́нимум $M(x, y)$ та́кже вы́берет $y = 1$.

It should be noticed, that the optimal strategies
Сле́дует замети́ть, что оптима́льные страте́гии,

whose existence   was   asserted in the two   preceding
существова́ние кото́рых бы́ло устано́влено в   двух предыду́щих

theorems, are   not   necessarily   unique.
теоре́мах, не явля́ются обяза́тельно еди́нственными.

We can show that every imputation [may be]*
Мы мо́жем показа́ть, что вся́кому исхо́ду мо́жет быть

dominated by some other imputation.
предпочтён како́й-нибу́дь друго́й исхо́д.

We want now to consider the question of what imputations
Мы хоти́м тепе́рь рассмотре́ть вопро́с (о том), каки́е исхо́ды

are (likely) to arise from actual plays of a game.
мо́гут возни́кнуть в действи́тельных па́ртиях игры́.

(Reprinted and translated with permission from F. C. C. McKinsey, *Introduction to the Theory of Games*, McGraw-Hill Book Company, New York, 1952)

6

Примене́ние теоре́тико-вероя́тностных и *стати́стических ме́тодов*
Application *of Probability-Theoretic* *and* *Statistical* *Methods*

Мы сохрани́м все предпосы́лки предыду́щей теоре́мы с той
We retain all the assumptions of the previous theorem with the

ра́зницей, что вероя́тность $F(x)$ для науда́чу вы́бранного разгово́ра
exception that the probability $F(x)$ of a conversation chosen at random

име́ть длину́ $>x$ мы бу́дем предполага́ть произво́льной
having a length $>x$ we will assume (to be) an arbitrary

невозраста́ющей фу́нкцией.
nonincreasing function.

Поэ́тому во всём дальне́йшем мы сосредото́чим на́ше внима́ние
Thus in all that follows, we will concentrate our attention

на практи́чески весьма́ ва́жном слу́чае систе́мы с одно́й
upon the practically very important case of a system with a single

ли́нией.
line

(From: А. Я. Хи́нчин, *Математи́ческие ме́тоды тео́рии ма́ссового обслу́живания*, Москва́, Изда́тельство Акаде́мии Нау́к СССР, 1955)

---

* To facilitate the word-for-word translation, we have replaced the verb "is" which appears in the original text by the expression "may be".

In the preceding sections, we defined a particular type
В предыду́щих пара́графах мы определи́ли ча́стный тип

of communication channel and also a measure for the amount
кана́ла свя́зи а та́кже ме́ру для коли́чества

of information which could be transmitted through it under
информа́ции, кото́рая мо́жет быть передана́ че́рез него́ при

various circumstances.
разли́чных обстоя́тельствах.

(Translated and reprinted with permission from A. Feinstein, *Foundations of Information Theory*, McGraw-Hill Book Company, 1958)

Ко́ды, позволя́ющие обнару́жить и исправля́ть одино́чную
Codes which permit (us) to detect and correct a single

оши́бку, заме́тно уменьша́ют число́ оши́бок при
error appreciably decrease the number of errors in

переда́че.
transmission.

Instead of computing a separate control limit for each
Вме́сто вычисле́ния отде́льного контро́льного преде́ла для ка́ждого

sample size, it is sufficiently accurate to compute
объёма вы́борки, явля́ется доста́точно то́чным вычисле́ние

control limits based on the average value or
контро́льных преде́лов, осно́ванных на сре́днем значе́нии и́ли

a typical value of *n*.
типи́чном значе́нии *n*.

First let us assume also that samples are taken at the beginning
Сперва́ предположи́м та́кже, что вы́борки взя́ты в нача́ле

of the period. The expected number of sampling periods before
перио́да. Ожида́емое число́ вы́борочных перио́дов до

the rejection of the process* (during [all of] which it is accepted)
отбракóвки процéсса (в течéние котóрых он принимáется)

is obtained by taking a weighted average of all possible
получáется путём определéния взвéшенного срéдного всех возмóжных

numbers of periods of exposure to the risk of rejection; the weights
чи́сел пери́одов подвéрженности ри́ску отбракóвки; весá

being the probabilities of rejection during each
[при э́том] явля́ются вероя́тностями отбракóвки в течéние кáждого

period.
пери́ода.

(The last two passages are reprinted and translated with permission from D. J. Cowden, *Statistical Methods of Quality Control*, Prentice-Hall, Englewood Cliffs, New Jersey, 1957)

Во мнóгих вáжных слýчаях сплошнóй контрóль и́ли
In many important cases, total inspection (is) either

невозмóжен, когдá он свя́зан с необходи́мостью
impossible (as) when it is connected with the necessity

уничтожéния и́ли пóрчи издéлия, и́ли экономи́чески
of destruction or damage of the item, or economically

невы́годен из-за высóкой (егó) стóимости.
unprofitable because of (its) high cost.

(From: И. В. Дýнин-Баркóвский и Н. В. Смирнóв, *Теóрия вероя́тностей и математи́ческая стати́стика в тéхнике*, Москвá, Гостехиздáт, 1955.)

---

* To facilitate the word-for-word translation, we have replaced the expression "the process is rejected" which appears in the original text by the phrase "the rejection of the process".

Appendix
Russian-English Author Index

This appendix contains a list of Russian transliterations of names of some Western statisticians and mathematicians. This list does not pretend to be complete in any way. Moreover, there is no intention to rate the statistical scholars by inclusion in or exclusion from this list. The only criterion is the dissimilarity between the Russian transliteration and the English form of a name, which may lead to confusion or difficulty in understanding the Russian text where the name may appear. (The name Феллер is considered to be easily recognized as Feller, and therefore is not included in the list.)

Анри Henry
Анскомб Anscombe
Арроу Arrow

Баруча-Райд Bharucha-Reid
Бахадур Bahadur
Бейес⎫
Байес⎭ Bayes
Бернулли Bernoulli
Блекуелл⎤
Блэкуэлл⎬ Blackwell
Блэквелл⎦
Бос⎤
Боз⎟
Бозе⎬ Bose
Боуз⎦
Боукер Bowker
Бохнер Bochner
Буррау Burrau
Бхаттачарья Bhattacharya
Бэтчелор Batchelor

Вайда Vajda
Вальд Wald

Вальх Walch
Ван-дер-Варден Van der Waerden
Вевер Weaver
Вейбулль Weibull
Вейл Weil
Велч Welch
Вендт Wendt
Вийсман Wijsman
Вишарт Wishart
Вольфович⎫
Вольфовиц⎭ Wolfowitz
Вудс Woods

Гамбел⎫
Гумбел⎭ Gumbel
Гальтон Galton
Ганкел Hankel
Гарвуд Garwood
Гейл Gale
Гейни Gani
Гельмерт Helmert
Герлянд Gurland
Гефдинг Hoeffding
Гомперц Gompertz

Граббс ⎤
Грэббс ⎬ Grubbs
Груббс ⎦
Гурвиц Hurwitz

Даниэльс Daniels
Дармуа Darmois
Джини Gini
Джири Geary
Джонсон Johnson
Диксон Dixon
Додж Dodge
Дулиттл Doolittle
Дуб Doob
Дэвид ⎤
Дейвид ⎦ David
Дэвис Davis
Дюгэ ⎤
Дюге ⎦ Dugué

Езекиль ⎤
Езекиэль ⎦ Ezekiel
Ейтс Yates

Иейтс ⎤
Иэйтс ⎦ Yates
Иенсен Jensen

Кантели Cantelli
Кац Kac
Квенауил ⎤
Кенуй ⎦ Quenouille
Кептейн Kapteyn
Кертис(с) Curtiss
Кинни Kinney
Киффер Kiefer
Коуден Cowden
Кокран ⎤
Кохрэн ⎬ Cochran, Cochrane
Кочрэн ⎦
Кокс Cox
Коэн Cohen
Крамер Cramér

Крускал Kruskal
Кун Kuhn
Купманс ⎤
Купменс ⎦ Koopmans
Кэртисс Curtiss

Ласпейрс Laspayres
Лев ⎤
Лоев ⎬ Loéve
Лоэв ⎦
ЛёКам ⎤
Ле Кам ⎦ LeCam
Леман Lehman(n)
Лежандр Legendre
Линдлей Lindley
Ллойд Lloyd
Лукач Lukach, Lukacs

Мак-Кинси McKinsey
Массей Massey
Махаланобис Mahalanobis
Мизес Mises
Мойэл Moyal
Мостейлер ⎤
Мостеллер ⎦ Mosteller
Муавр Moivre
Мэдоу Madow

Нейман Neyman
(фон) Нейман von Neumann
Нэйр Nair

Ольмстед Olmstead

Пайк Pyke
Палей Paley
Пальм Palm
Пирсон Pearson
Пойа ⎤
Полиа ⎬ Pólya
Полия ⎦
Пуассон Poisson
Пэтнайк Patnaik

Эйзенхарт   Eisenhart
Эйнштейн   Einstein
Эйткэн   Aitken
Эльдертон   Elderton
Эренфест   Ehrenfest
Эрланг   Erlang
Эрмит   Hermite

Ювен   Uven
Юден ⎫
Юдэн ⎭ Youden
Юл   Yule
Юнг   Young

SELECTED BIBLIOGRAPHY

1. Partial List of References in English

Bartlett, M. S., *Introduction to Stochastic Processes*, Cambridge University Press, 1955.

Bellman, R., *Dynamic Programming*, Princeton University Press, 1957.

Cowden, D. J., *Statistical Methods in Quality Control*, Prentice-Hall, Englewood Cliffs, New Jersey, 1957.

Feinstein, A., *Foundations of Information Theory*, McGraw-Hill Book Company, New York, 1958.

Gass, S. I., *Linear Programming (Methods and Applications)*, McGraw-Hill Book Company, New York, 1958.

Hald, A., *Statistical Theory with Engineering Applications*, Wiley & Sons, New York–London, 1952.

Halmos, P. R., *Lectures on Ergodic Theory*, Mathematical Society of Japan, Tokyo, 1956.

McKinsey, J. C. C., *Introduction to the Theory of Games*, McGraw Hill Book Company, New York, 1952.

Mills, F. C., *Statistical Methods*, 3rd Edition, Holt, Rinehart, and Winston, New York, 1955.

Wald, A., *Sequential Analysis*, Wiley & Sons, New York–London, 1950.

2. Partial List of References in Russian

Боярский, А. Я., *Математика для экономистов*, Москва, Госстатиздат, 1961.

Вентцель, Е. С., *Элементы теории игр*, Москва, Физматгиз, 1961.

Вопросы экономической статистики (сборник статей), Москва, Госстатиздат, 1958.

Гнеденко, Б. В., *Курс теории вероятностей*, Москва, Физматгиз, 1961.

Длин, А. М., *Математическая статистика в технике*, Москва, Советская Наука, 1958.

Дунин-Барковский, И. В. и Смирнов, Н. В., *Теория вероятностей и математическая статистика в технике* (общая часть), Москва, Гостехиздат, 1955.

Ежов, А. И., *Выравнивание и вычисление рядов распределений*, Москва, Госстатиздат, 1961.

Линник, Ю. В., *Метод наименьших квадратов и основы теории обработки наблюдений*, Москва, Физматгиз, 1962.

Митропольский, А. К., *Техника статистических вычислений*, Москва, Физматгиз, 1961.

Плохинский, Н. А., *Биометрия*, Новосибирск, Издательство Сибирского Отделения АН СССР, 1961.

Пумпянский, А. Л., *Перевод английской научной литературы* (лексика), Москва, Издательство Академии Наук, 1961.

Свешников, А. А. и др., *Руководство для инженеров по решению задач теории вероятностей*, Ленинград, Судпромгиз, 1962.

Смирнов, Н. В. и Дунин-Барковский, И. В., *Краткий курс математической статистики для технических приложений*, Москва, Физматиздат, 1959.

Солодовников, В. В., *Статистическая динамика линейных систем автоматического управления*, Москва, Физматиздат, 1960.

Статистика промышленного предприятия (под редакцией проф. Г. И. Бакланова), Москва, Госстатиздат, 1961.

Урланис, Б. Ц., *Общая теория статистики*, Москва, Госстатиздат, 1962.

Хинчин, А. Я., *Математические методы теории массового обслуживания*, Москва, Издательство Академии Наук СССР, 1955.

Шрейдер, Ю. А. и др., *Метод статистических испытаний* (Метод Монте-Карло), Москва, Физматгиз, 1962.

Яглом, А. М. и Яглом, И. М., *Вероятность и информация*, Москва, Гостехиздат, 1960.

3. Partial List of Russian Periodicals

Вестник Статистики, Ежемесячный журнал, Госстатиздат.

Реферативный Журнал (*Математика*), Институт научной информации, Академия Наук СССР.

Теория вероятностей и ее применения, Издательство Академии Наук СССР.

Ученые записки по статистике, Издательство Академии Наук СССР.

4. Partial List of Dictionaries

Англо-Русский словарь математических терминов. Москва, Математический институт им. В. А. Стеклова, 1962.

Kendall, M. G. and Buckland, W. R., *A Dictionary of Statistical Terms*, 2nd Edition, published for the International Statistical Institute by Oliver and Boyd, Edinburgh-London, 1960.

Kurtz, A. K. and Edgerton, H. A., *Statistical Dictionary of Terms and Symbols*, Wiley & Sons, New York–London, 1939.

Lohwater, A. J., with coll. of S. H. Gould, *Russian-English Dictionary of Mathematical Sciences*, American Mathematical Society, Providence, Rhode Island, 1961.

Milne-Thomson, L. M., *Russian-English Mathematical Dictionary*, The University of Wisconsin Press, Madison, 1962.

Орфографический словарь русского языка. Москва, Государственное издательство иностранных и национальных словарей, 1963.

Słownik Polsko-Rosyjsko-Angielski Statystyki Matematycznej i Statystycznej Kontroli Jakości Produkcji, Polska Akademia Nauk, Instytut Matematyczny, Warszawa, 1958.

Smith, R. E. F., *A Russian-English Dictionary of Social Science Terms*, Butterworths, London, 1962.

Statistical Dictionary (1700 Statistical Terms in Seven Languages), Hungarian Central Statistical Office, Budapest, 1961.

READER'S NOTES AND ADDITIONS